JN409473

풀, 귀엣말하다

김자호 수필집

풀, 귀엣말하다

인쇄 2021년 10월 27일
발행 2021년 10월 30일

지은이 김자호
발행인 서정환
펴낸곳 수필과비평사
주소 전북 전주시 완산구 공북1길 16(태평동 251-30)
전화 (063) 275-4000 · 0484
팩스 (063) 274-3131
이메일 sina321@hanmail.net essay321@hanmail.net
출판등록 제300-2013-133호
인쇄 · 제본 신아출판사

ISBN 979-11-5933-370-5 03810

값 13,000원

Printed in KOREA

이 책은 2021년 부산광역시 BUSAN METROPOLITAN CITY 부산광역시, 부산문화재단 부산문화재단 지역문화예술특성화
지원사업으로 지원을 받았습니다.

풀, 귀엣말하다

김자호 수필집

수필과비평사

| 책머리에 |

무한한 글의 바다에 세 번째의 수필집을 띄운다.

나의 작은 목소리가 영혼 없는 말잔치가 되는 게 아닌가 싶어 책을 낼수록 시름은 깊어지고 가파른 벼랑에 선 것 같다.

사는 일이나 글쓰기나 힘들고 외롭기는 마찬가지. 풀리지 않는 글의 실마리에 한계를 느끼기도 하지만 나의 어설픈 자극에도 탓하지 않고 미세하게 반응해 오는 세상 만물의 전율이 고맙다. 그래서 써야만 한다. 아무리 힘들어도 살아내야만 하는 사람살이처럼.

한가한 구름이 하늘 강을 흐르며 말을 건네는 순간의 작은 떨림과 아까시 향이 뭉텅뭉텅 굴러오는 날들과의 마주함, 그리움의 정에 찍힌 생채기하며 이웃들과 뒤척이며 엮어가는 사랑의 피륙들을 어찌 외면하겠는가. 글이 열어준 우주의 아름다움을 나만의 미흡한 언어로 나마 마무리해야 마음이 놓이는 것을. 자충수이고 운명인지도 모르겠다.

그러나 후회하지 않으려 한다. 만약 쓰지 않았으면 삶이 주는 오한을 감당하지 못해 생의 어느 어귀쯤에서 주저앉았을지도 모른다. 내 삶의 연가인 이들이 따뜻한 위안으로 나를 일으켜 세웠던 날들에 감사하고 싶다.

인생 자체가 등가원칙이듯 먼 훗날까지 이들은 나를 끌어주고 밀어줄 든든한 동반자가 될 것임에 살아갈수록 풍성해지고 덜 쓸쓸하리라 믿는다. 나에게 와서 꽃이 되기도 하고 스러지기도 한 말들에 예를 다하고 싶다.

2021년 익어가는 가을날

저자 김자호

| 차례 |

2부

3부

4부

1부

풀들의 귀엣말

뽀그르 기포 소리가 물뿌리개를 든 나의 귀청을 가만히 두드린다. 얼른 베란다 안쪽에 있는 불룩한 항아리를 열어 보니 향긋한 향과 함께 그기가 일정하지 않은 물빙울이 고운 무지갯빛을 품은 채 꽈리 소리를 내는 게 아닌가. 참, 내가 몇 달 전 산과 들에 자라는 풀 백여 가지를 뜯어 삭히고 있는 걸 잊고 있었다.

몸에 한기가 들고 다사로운 손길이 그리우면 한끼의 공양과 절경으로 가슴을 다독이라며 추천하는 문우의 말을 좇아 내원사의 말사인 노전암으로 향했다. 남편과 대바늘로 뜨개질하듯 산을 넘고 내를 건너 숲속 암자에 닿았다. 마침 공양 시간이라 시장한 차에 산나물 반찬과 절밥에 얼굴을 묻고 달게 점심 공양을 했다. 주지스님은 함박웃음을 쏟아내며 귀빈에게만 권하는 약이 되고 번뇌도 쫓는 술이라며 손수 만드신 백팔주百八酒 원액을 내오셨다.

깊은 절간에서 웬 술을? 의아해서 나도 옆에서 한 모금 목을 축였다. 풀 향을 풍기며 입에서부터 몸으로 길을 내며 들어온 백팔주는 주스인 듯 식초이고 술이었다. 보리밭만 스쳐도 비틀거린다고 놀림받는 내 주량은 감당이 안 됐는지 번뇌는 없애지 못하고 금세 얼굴에 붉은 꽃숭어리를 피워 휘적휘적 하산을 하니 앞산은 이마를 때리고 뒷산은 나에게 와락 업혔다.

묘한 맛에 대한 기억이 기어코 백팔주를 만들게 디밀었다. 능인스님처럼 깊은 산중의 약초 백 가지 이상은 어렵더라도 내 주위에 널브러진 야채만이라도 한 몸으로 취하면 남은 생애라도 상큼한 향내를 내면서 약이 되는 사람, 삿된 생각을 누르는 사람이 될 수 있을까?

야생초 다섯 가지 이상을 같이 발효시키면 독성이 중화된다는 말만 믿고 옛집 뒷산과 들에서 취나물, 비비추, 원추리, 청미래, 우슬초 등 잡풀과 나뭇잎을 뜯어 메고 왔다.

집으로 가져와 베란다에서 흔들며 씻으니 숲새들이 주절대고 산바람과 호젓한 오솔길과 계곡물 소리, 밭이랑이 함께 대야에 몸을 풀었다. 씻은 야생초를 켜켜이 놓고 층층이 설탕을 쟁여 독 안에 넣었다. 이제 햇살이며 바람도 도기의 작은 입자 사이로 들락거리고 천둥소리는 비명을 삼갈 테다. 그들은 깜깜한 독 안에서 앞서지 않고 뒤처지지 않게 서로를 배려하며 오순도순 익어가겠지. 때로는 능선을 타는 달빛과 소쩍새 울음을 그리워하며 살과 피를 섞고 발효의 길을 걷겠다.

미생물이 가지고 있는 효소를 이용해 유익 균을 생성하면 발효, 악취가 나면 부패라 한다. 좋은 솥이 되기 위해 대장장이에게 몇 번이고 담금질 당하는 무쇠처럼 산야초들은 썩지 않고 환골탈대하기 위해 뼈를 깎는 아픔을 겪었을 것이다. 본 몸에서 잘려 푸른 피를 흘리며 혼절했는가 하면 설탕에 절여지고 몇 번이고 고쳐 죽어 또 다른 경지가 되어 우리와 한몸이 된다니. 사람이라는 이름으로 자연에게 횡포를 부리는 듯해 안쓰럽기도 하지만 그래야 꼭 필요한 누군가에게 요긴한 쓰임새가 되고 수순인 것 같아 미안한 마음을 애써 지웠다.

한 국자 떠서 물과 희석해 맛을 음미해 본다. 달콤하고 새콤한 맛이 입에 넣을 때와 입속에서 삼킬 때, 삼키고 난 뒷맛은 오묘하고 그윽하다. 깊다는 것은 정성이 깃들고 시간과 마음이 쌓이는 작업이다. 화가가 숱한 날들의 열정과 번민으로 혼을 불어넣어 비로소 한 점의 걸작을 완성하듯 백팔주의 맛은 풀들의 얼과 간절한 기도의 맛이며 잎맥에서 우러나온 골수다. 그래서 우리에게서 아득히 사라진 무지개가 발효 방울 속에 알알이 똬리를 트는 것은 아닐까.

사람 사는 일에도 여러 모양의 삶이 얼기설기 들어와 할퀴고 쨍한 날이 있는가 하면 폭풍이 불고 해일이 일어나기도 한다. 이런 지각변동 앞에서도 두려워하거나 피하기보다는 의연하게 영혼의 온기나 시간을 묵혀 진득한 내 것으로 만들어 한 생을 산다면 더할 나위가 있을까.

늘 마음만큼 글 집이 지어지지 않아 좌절하기도 여러 번이지만 소재의 핵심에는 언제나 객관화 된 또 다른 내가 들어 있다. 미진한 글로써 사물의 본질 속에 있는 나를 견인해 오는 게 가장 어려운 과제여서 글을 쓴다는 일은 고통이며 희열이고 수확이다.

일상이 뒤엉겨 속이 부대끼면 가끔씩 〈히브리 노예들의 합창〉을 들으며 내 안을 정돈한다. 발효된 소리의 화음을 가슴으로 들으면 절로 경건해지며 일상이 반올림이 되고 오래 여운이 남는다. 부부도 긴 세월 함께하면서 잘 익어 비슷한 하나가, 이웃이나 크고 작은 세상사도 적당한 농도로 잘 어우러지기만 하면 그로 인해 일어나는 엇박자도 없을 텐데 생각만 맴을 돈다.

어쩌면 우리가 발효를 만드는 주체가 아니고 발효의 목록에 오히려 우리 이름을 접수하여 입문 여부를 기다려야 되는 게 아닐까. 나는 내 안에 있는 효소로 만만찮은 일상의 번뇌를 잘 다스려 누군가에게 한 번이라도 가벼운 비상약이나 아픈 상처를 도닥여 주고, 비타민 한 알이라도 된 적이 있었을까. 나의 글은 충분히 익었나. 문問이 있을 뿐, 답答은 비어있다. 모질게 뽑고 짓이긴 풀들의 귀엣말에 귀를 모아 본다.

(2016. 겨울《수필문예》)

안개

봄비 그친 아침, 생선을 굽다 배기 후드로는 비린내가 가시지 않아 북창을 연다. 우람한 금정산* 봉우리가 운무에 둥둥 떠 섬이 되어 아련하고 창틀을 넘어온 풋내가 상큼하다. 며칠이고 변방에서 날아온 미세먼지로 칼칼하던 목이 확 뚫리고 개운하다. 식사를 마치고 문을 닫으려니 안개가 능선과 우뚝 선 건물이며 지저분한 거리를 죄다 지워서 세상을 금세 흰색으로 통일해 버렸다. 우리가 그리도 못 이루는 하나를 거뜬히 해낸 그의 커다란 힘 앞에 입을 다물

수가 없다.

안개는 순하다. 고요히 상대의 존재를 인정하여 튀어나오면 나온 대로 오목하면 오목한 대로 크면 큰 대로 다 끌어안아 부드럽게 배어든다. 그 나긋함으로 상대를 대하니 자연히 마찰이나 저항은 생길 수가 없다. 우리가 누군가를 사랑하거나 정을 쌓는 것도 안개인 듯 소리 없이 스며들고 깊어지면 좋을 것이다. 안개가 지나치면 엄청난 사고로 이어지기도 하지만 넘쳐서 좋은 것은 세상 어디에고 없다. 비도 많이 오면 홍수가 되고, 황금도 과하면 가슴팍은 메마른 사막이, 사랑도 익애가 되면 집착이 될 수밖에 없다.

몇 년 전에 친구들과 다녀온 한라산의 안개는 생판 딴 얼굴, 위의를 조우하는 순간이었다. 비와 바람과 추위를 몰고 승천하며 뿜이내는 용의 입김인 듯 구만리를 난나는 상상 속 붕새의 날갯짓인 듯 자락을 펄럭이며 웅장한 산의 자태를 순식간에 쥐락펴락했다. 여행객들은 위엄과 신성에 압도되어 감히 탐라의 속살을 밟는 우리를 허락해 달라며 두 손을 모았다.

안개는 모태인 지열에서 선택된 제 처지를 원망하는 법이 없다. 구름처럼 높아지고 싶어 까치발을 들지 않고 이슬이나 서리처럼 사람 옆에서 뚜렷한 존재로 있고 싶어도 이를 부러워하지 않는다. 그저 서로 어깨 걸고 무리 지어 때로는 날고 멈추며 유랑하는 방랑자다. 나는 삶의 거미줄에 옥죄이면 걸림 없는 무한 자유를 누리는 먼 산의 안개 자락에 마음을 얹어 살아가는 일의 무게를 줄이곤 한다. 이에 매료되어 안개 자욱한 날이면 가슴을 누르던 겹겹의 빗장을 풀어 안개를 받아들이고 만다.

익어 가는 어느 여름밤, 눅눅한 기운을 감지하며 집으로 오는 길이었다. 그날따라 역사 주변은 안개가 가득 피어 시계가 거의 제로 상태였다. 가로등도 짙은 안개에 감당을 못했는지 게슴츠레 실눈을 뜨고 겨우 몸을 가누고 있었다. 몽롱한 상태에서 시아버님께서 늘 쓰셨던 중절모가 안개 속으로 떠다녔다. 제어 못 한 그리움이 모자가 가는 곳으로 나를 디밀었다.

맏며느리로서 함량 미달임에도 당신이 선택한 언어는 "괜찮다, 잘했다, 믿는다."였다. 나의 흠결은 모두 지우고 장점만 크게 부각시켜 초현실주의 화가 르네 마그리트의 〈피레네 성〉처럼 띄워주시는 것이었다. 나는 언제나 내 편인 당신이 빚어주신 무한 긍정의 날개를 달고 하늘 높은 줄 모르고 날아다닌 철없는 이카로스였다. 애틋한 기억의 가닥을 잇다 보니 정수리 부분이 쏘옥 들어간 중절모를 뒤따르지 않을 수 없었다. 몇 발자국을 뒤쫓다 등이 축축해 발길은 돌렸지만 지금도 그날은 수수께끼다. 환시일까 아니면 두뇌의 해마가 헷갈려 오작동을 일으킨 것일까. 내 안에 숨어 있는 정한이 부연 안개로 현신한 밤이었음을 믿고 싶다. 이런 모호하고 환상적인 몸짓 때문에 어느 기적이나 불가사의든 안개를 배경으로 하지 않은 것은 없다.

지구의 거름망인 우포늪에 장대 노로 나룻배를 저으며 물안개 속으로 사라지던 어부의 모습은 눈 뜨고 꾼 꿈결이었다. 볼 때마다 화면에 수감되어 내 안의 어둠마저 표백이 되는 영화 〈애수〉와 〈카사블랑카〉의 가슴 애애한 안개도 있다. 동자승을 그리는 문수암* 수안스님을 뵈러 갈 때도 화두인 듯 하늘과 땅은 경계가 없이 안개 천지였다.

우주 만물은 저만의 색깔로 존재한다. 그의 막연한 무채색은 사랑이나 지선, 화해를 대신한 빛깔은 아닐까. 성과 쇠를 다 아우르는, 어쩌면 지상의 마지막 구원인 어머니의 젖빛인 듯 순결하여 간절함을 머금은 색. 세상 모든 색을 분별없이 끌어안은 색깔 앞에 내가 배어드는 것은 당연하다.

흔히들 인생은 한 줄기 바람이라 한다. 별일 아닌 일에도 울컥하여 눈에 들어차는 안개가 빈번한 요즘에 생각해 보니 생이란 그저 안개 한마당이기도 하다. 그리움과 회한으로 가득한 지난 과거가 잊히지 않으면 현재의 삶은 들어설 자리가 없는 혼돈의 세상일 게다. 미래 역시도 훤한 거울이면 인간의 삶이 아니다. 우리 사는 일이 미로인 것은 모두 이유 있는 결과물이다. 고고성을 지르며 두 주먹 쥐고 이 땅에 왔다. 때로는 잊고 덜어내며 하늘이 허락한 시간까지 안개인 듯 직유로 살다가 안개 되어 은유로 스러지는 게 사람 한살이 같다. 나도 꿈꾸는 작은 입자의 안개다.

*금정산: 부산 금정구에 소재하는 뒷산
*문수암: 경남 양산 통도사의 말사

(2019.《문학도시》 12월호)

숫구멍

새싹 채소같이 자란 머리카락 속으로 까만 쇠똥을 끼얹은 채 숨을 할딱이는 백 일 된 새 사람의 얼굴은 붉었다. 젖 냄새를 풍기며 손발을 부지런히 움직이고 울고 웃고 나비잠을 자는 동작 하나하나가 요지경이어서 내가 세 아이를 키웠다는 사실도 까무룩 잊고 금세 포로가 되어 버렸다. 요 작은 몸으로 지구상의 하고많은 집 가운데 하필 우리 집과 연을 맺어 온몸을 자기소개서로 하여 날갯짓하며 왔을까. 사람의 뜻만은 아닌 것 같아 정수리를 가만히 쓰다듬었다.

아기의 머리는 여러 작은 뼈가 모여서 만들어진단다. 이 뼛 조각들 사이의 말랑한 부분을 숨구멍 혹은 숫구멍이라 하며 앞부분은 대천문, 뒤쪽은 소천문이라 한다. 이 숫구멍으로 아기는 숨도 쉬고 양껏 세상을 받아들여 이 년 정도 내에 적당히 살이 차면 닫히는 게 정상이란다. 우리 아기가 그 기간 동안 숫구멍을 통해 선하고 따뜻한 기를 힘껏 흡수하여 온몸 구석구석 뻗쳐 참 사람으로 여물어 갔으면 싶었다. 그즈음 우리 집에도 집 꼭대기에 있지만 막히면 안 될 또 다른 형태의 숫구멍이 자연스레 생겼다.

내가 사는 집은 뒷마당이 조금 있는 다가구주택이다. 아래층에는 방들이 벌집같이 붙어있고 그 위에 내가 사는 집이 있다. 처음에는 작은 집이 불편해 그야말로 숨이 턱 막혔다. 영혼이 머무는 곳이 육체고 육체가 사는 곳이 집이어서 알게 모르게 집과 사람은 서로를 닮아간다는데. 어쩌면 이처럼 아담한 공간에 살게 된 것도 내 영혼의 넓이가 좁아서인지 모르겠다.

어느 날부터인가 블록을 쌓아 놓은 것 같은 아파트 생활에 조금씩 싫증이 나기 시작했다. 내가 키운 꽃들의 함성이 자지러지고 푸성귀의 이슬을 털어내고 차린 식탁을 그리며 스렁스렁 마당 넓은 집을 사러 다녔다. 셈이 느린 나한테 "노후 준비는 되어 있어?"라는 지인들의 충고에 퍼뜩 정신이 들어 뜰을 포기하고 마련한 집이다. 이 집을 찜한 또 다른 이유는 건물 이름이 샤갈의 불멸의 사랑인 아내 '벨라'와 같은 이름이고, 젊은이들과 한 지붕 아래 산다는 것에 더 빨리 결정을 내렸다. 늙는다는 것은 조금은 소연한 일이다. 여기서 산다면 어쩐지 나의 남은 생이 싱그럽고 삶의 어둠은 샤갈의 그림처럼 곱게 채색될 것 같은 상상만으로도 마음이 넉넉해졌다.

그 그림이 찢어지는 데는 얼마 걸리지 않았다. 창을 통해 바라보는 앞집 담벼락과 양옆 뒷집 벽은 모두 가슴을 누르는 형틀이었다. 수시로 집안 곳곳에 잔손질을 해야 하는 일도 못 하나 못 치는 우리 부부에게는 엄청난 무리였다. 나의 시원찮은 관절로 계단을 나다니는 일도 만만찮았다. 용의주도하지 못하고 감상적인 나의 결단에 후회가 밀물처럼 다가왔다. 다시 이사를 해야겠다고 다짐을 하고 마지못해 과체중인 몸을 끌고 헉헉대며 층층을 오르내렸다.

답답한 마음에 옥상에 오르니 매연 층을 헤치고 용케 반짝이는 별과 눈맞춤이 되었다. 동병상련이었을까, 갑갑한 게 나 혼자만은 아니구나 싶어 동지애가 물씬 느껴졌다. 그렇게 길을 터 가끔은 그곳에서 바람 냄새를 맡으며 사는 일의 무게감을 떨쳐내고 부질없는 욕심에 갈등하는 마음을 난분분 날리는 꽃잎 위에 올려 털어내기도 했다. 하루를 벗어 놓은 옷가지가 빨랫줄에 널려서 시린 하늘로 그네를 타고 방아와 영산홍, 산초나무들이 서로 팔짱을 끼고 크는 모습을 보는 작은 기쁨들이 조금씩 가슴을 열어나갔다.

서서히 옥상은 나와 우리 집이 숨을 내쉴 수 있는 숫구멍으로 탈바꿈하기 시작했다. 그런 장소가 되기까지는 우연은 아니었을 테다. 사람들이 한 치의 땅이라도 그냥두지 않겠다며 빼곡하게 세운 집 전체를 힘겹다 않고 품었다. 가마솥더위를 온몸으로 빨아들이고 추위에 얼고 폭풍우를 무수히 맞은 후에 마침내 편안한 나와 우리 집의 구원인 여유의 빈 공간, 숫구멍이 되었을 성싶다.

어느 날인가 나에게 행운이라는 열매가 특별한 징후 없이 오종종 열리기 시작했다. 지하철을 탈 때는 늘 승강기만 이용했었는데 층계가 가볍게 오르내려져 나도 놀라 움칠했다. 아래층 학생들도 취업이 어려운 요즘에 기업과 공기업에 취직도 하고 유학을 떠나 감격해서 손을 잡았다. 생의 희망 계단을 오르기 위해 그들은 좁다란 방에서 옥상 숫구멍을 향해 주파수를 맞춰 숨을 쉬고 뜨거운 열망을 덩굴손처럼 뻗지는 않았을까. 청춘들이 푸른 대양을 누비는 대어가 되기를 간절히 원망했다.

우리의 인생길이 깨어나기 싫은 꿈길이면 얼마나 좋을까. 삶이란 갑자기 내리치는 예리한 정에 맞아도 살아내야 하는 것이다. 그래도 정신 차려 보면 그 어딘가에 구원처럼 숫구멍이 있어 숨비질 소리를 할 수 있고 세상은 아름다울 수밖에 없다. 나도 그 누군가의 위안이 되고 안식이 되는 사람 숫구멍이고 싶다.

작년 추석, 손자와 옥상에서 축구를 하는데 지붕 사이로 보름달이 두둥실 떴다. 아이는 할머니 집에 뜬 달이 엄청 크다며 팔을 높이 들어 눈동자 가득 달을 담았다.

"우리 아기 소원은 뭘까? 큰 달님에게 말하면 들어줄 텐데."

"할머니, 저 소원은 공룡을 만나는 거예요. 그런데 움직이지도 못하는 달이 어떻게 소원을 들어줘요?"

난감한 나와 이제는 숫구멍이 다 채워진 다섯 살짜리 손자와 나누는 우문현답을 들은 달은 미소를 머금은 채 자락을 펼쳤다. 어쩌면 하얀 드레스를 입은 벨라와 샤갈의 영혼이 좁다란 의자에 잠시 쉬어갈 수도 있겠다.

(2019. 가을)

하늘 논에서

짭조름한 해풍이 들판을 짓이기고 간다. 바람의 세기가 만만찮은데도 금방 툭툭 털고 일어나 웃는 노란 유채꽃과 초록빛의 약초며 마늘밭이 색색의 모자이크가 되어 곱다. 앞으로는 옥색 바다가, 뒤로는 바윗돌에 붙은 조가비마냥 비탈을 꼭 부여잡은 마을이 어우러진 한 폭의 그림은 아름답다 못해 숨이 턱 막힌다.

모처럼 휴가를 함께하자는 딸의 제의에 따라 발길을 옮긴 곳, 남해다. 파독 광부들이 귀국하여 모여 사는 독일마을에서 원두 향으로 가슴을 씻고 햇볕을 잘게 다지는 바다를 겨드랑이에 꿰차고 가천 다랑이마을에 닿았다.

가난한 시절, 밭작물을 심어야 할 땅에 쌀을 얻기 위해 일군 천수답이라고도 했던 논이 계단처럼 층층이 있는 동네다. 밭에서 논으로 이름표를 바꿈과 동시에 농부들의 이마와 가슴에 깊게 시름의 골을 누빈 논. 산의 부드러운 능선이 그대로 내려앉은 구불구불한 논둑 위로 이슬을 차며 걸으니 시간의 냄새 속 해묵은 기억들이 다랑이논이 되어 겹겹이 몰려온다.

어릴 적 우리 집은 저수지 밑에 있는 옥답들과 집 주위에 논들과 밭, 감 밭과 밤 산을 지닌 고만고만한 집이었다. 그 재산으로 삼촌들을 부산이나 대구로 고등학교와 대학 공부를 시키며 먹고살자니 농사가 그렇듯 대가족의 생활은 항상 빠듯했다. 준비해 두었던 액수가 터무니없이 모자라면 할아버지께서는 언제나 풍년을 기약하던 옥답을 한 마지기씩 눈물겹게 떠나보내셨다. 그럴 때마다 삼촌들에게 까막눈만 면케 하고 농사일을 시키고 싶어도 가풍과 재주가 아까워서 꾹 누르셨다. 근검하신 당신은 안타까운 마음에 반드시 되찾을 것을 다짐하며 논문서를 며칠이고 머리맡에 두고 주무셨다. 궁여지책으로 밭이었던 비탈진 큰 배미에 하늘만 믿고 떡하니 논을 만들어 일꾼들로 하여금 모를 심게 하셨다. 무모에 가까운 도발임에도 순한 땅은 속살을 아낌없이 내주었다.

다랑이논의 수확은 기상 따라 늘 들쭉날쭉했다. 씨 뿌리고 김을 매는 것은 사람이 하고, 물이 넘쳐도 걱정, 모자라도 걱정인 농사의 9할은 하늘이 짓는 하늘농사였다. 그 사실을 알아챈 다랑이논은 논대로 지순한 한 마리 소가 되어 물이 넘쳐날 때 양껏 마셔 가뭄에 되새김질을 했을 테고, 농부의 노동은 아무래도 좋았다. 풍년만 된다면.

비가 잦은 날을 잡아 모내기를 하고 난 후, 일주일 정도 지나 논둑이 꾸들꾸들해지면 논두렁에 콩을 심는 일은 집안일만 돌보던 어머니의 몫이었다. 당신이 부지깽이로 논두렁에다 진양조의 몸짓으로 구멍을 내면 나는 반들거리는 파란 수박태 서너 알을 구멍 속에 넣고 그 위에 보리 까끄라기나 겨를 가만히 덮어두었다. 어머니는 콩을 심으면서 비록 운명이 수직으로 온다 해도 다랑이 논둑같이 완만하게 풀어가며 살라고 양푼을 들려 나를 따라나서게 하셨을 것이다. 한참 열중하다 고개 들면 당신의 무명적삼 너머 구름은 핼쑥한 어린모들을 달래느라 흰구름사탕을 쥐여주고, 꿩 울음을 섶에 담은 앞산은 무논에 살며시 몸을 뉘곤 했다.

해가 길어지면 논바닥은 거북이 등짝처럼 갈라졌다. 농부의 잦은 발걸음으로 논은 잡초 한 포기 없이 단아했지만 양껏 물을 먹고 자라는 들판의 검푸른 모들에 비해 비루했다. 다랑이논은 농민들의 생인손이었다.

마을 사람들은 한 방울의 물이라도 대기 위해 실개천의 물을 두레박으로 퍼 올리고 십시일반으로 쌀을 모아 희디흰 송편에 풍년의 바람을 저며 제물로 바쳤다. 목욕재계한 장정들이 휘영청 푸른 달빛 속에서 "용신아~." 외치며 논에 떡을 뿌린 후 조무래기들에게도 몇 개를 쥐여 줬지만 왠지 서글퍼 목이 메었다. 어린 나도 비를 부르는 동시를 써서 목젖이 보이도록 큰 소리로 하늘을 향해 낭송했다. 그러다 홍수가 나면 시뻘건 뻘물이 콸콸 쏟아지고 논둑은 어이없이 무너졌으니 다랑이논은 그야말로 하늘의 자비로 짓는 하늘 농사였다. 가을걷이는 쭉정이가 태반이었지만 농민들과 다랑이논의 눈물 모음이었다. 그 사실이 떠올라 지금도 선뜻 밥알을 못 버린다.

그런 성장이 밑변이 되어서일까. 태몽까지도 층층으로 된 논두렁을 뛰어내리고 검불을 지르던 일 등의 꿈을 꾸곤 했다. 위인들의 어머니처럼 북두칠성이 뱃속으로 들어오지 않았어도 도전을 겁내지 않고 흙을 사랑하는 사람이면 족하다 싶어 꿈을 꼭 품었다.

내 삶에서도 나름의 다랑이 농사를 지어야만 했던 때가 있었다. 친정 부모님의 탄탄했던 사업이 무리한 확장으로 물거품이 되었다. 영화사, 광산과 운수업까지 경영하여 소달구지에 잔뜩 돈자루를 싣고 헛기침하며 귀가하셨다던 전설 같은 시아버님의 사업수완도 끝없이 추락하여 깜깜했던 순간들. IMF를 비롯해 크고 작은 일을 겪기도 했지만 일어섰던 것은 다랑이논에서 얻은 무언의 가르침과 나름대로 유연하게 풀고자 했던 응전의 결과였다.

살기가 좋아진 탓인가. 내가 살던 곳의 다랑이논은 방치되어 묵정밭이 되거나 채소밭이 되어버렸다. 이곳 가천의 다랑이논도 관광지가 되어 우리 세대에 비해 금 숟가락을 물고 태어난 젊은이들 사이로 뱉어내는 허브 향이 짙다.

(2014. 봄)

절밥

또 한 번 눈이 휘둥그레진다. 상 위에 올려진 반찬을 세어본다. 제피나물, 참나물, 취나물, 고사리, 매실, 상추, 우엉…. 부려 스무 가지다. 내가 귀인으로 격상된 듯하다. 상큼한 산나물과 곰삭은 장아찌와 보드라운 상추로 입을 볼록이며 달게 밥을 먹고 나니 가마솥에서 눌은밥으로 만든 뜨끈하고 구수한 숭늉을 내온다. 누룽지까지 먹으니 불현듯 친정어머니께서 차려주신 밥상이 떠오른다. 세상의 모진 바람에 한기가 들면 보채듯 먹고 싶은, 이제는 다시 먹을 수 없는 금방 퍼 담은 윤기 자르르하고 고소하고 달콤한 당신의 밥을.

그나마 위안이었던 꽃들이 잦은 비로 난분분 지고 나니 괜스레 허탈해졌다. 내 손으로 지어 먹는 밥 말고 또 다른 누군가의 알뜰한 마음이 깃든 식사를 하면 대책 없는 이 허기가 잠재워지려나. 언젠가 들렀던 경남 천성산의 노전암으로 향했다.

암자는 내원사의 말사로 골은 깊고 계곡은 맑아 풍광이 뛰어나다. 한차례 꽃 몸살을 겪고 난 후에 돋아난 보드라운 햇순의 연두색과 모진 겨울을 투사처럼 건너온 소나무의 초록색이 어우러져 산은 온통 파랗다. 투명한 상리천 계곡의 물고기들은 한가롭고 염불소리 스며든 물에 씻긴 바위들만 희멀끔하다.

골짜기가 깊어갈수록 마이크 소리가 크게 들려 정적을 깨는 웬 소음인가 했는데 능인 노스님의 사시마지 불경 소리였다. 지난해보다 숨결이 가쁘고 음성은 탁했다. 일주문과 소박한 건축 양식인 맞배지붕으로 된 대웅전하며 뜰의 모란과 금낭화, 개와 고양이들은 그대로인 것 같은데 조금씩 당신의 모습만 삭아 가시는 듯하여 애잔했다.

코로나가 창궐하던 작년, 집안에 박혀 있으려니 온 심신에 깁스를 한 것처럼 숨이 막혔었다. 그때도 달려와 반찬 스무 세 가지로 한끼를 근사하게 먹고 말간 물거울을 품고 갔었다. 절간 사정으로는 대중이 공양을 하자면 조촐한 식사가 될 수밖에 없을 텐데 성찬을 취할 수 있다는 것은 스님의 마음결이 넉넉하고 자상한 까닭일 테다. 맑은 공기까지 가득 마시고 초파일 등을 밝혀놓고 하산을 했었다. 억눌렸던 가슴이 툭 트였었다. 그날의 따뜻한 위로는 오래 기억되어 마음 언저리가 어수선해지면 그때를 떠올려 가지런히 정돈하곤 했다.

나에게 밥은 언제나 밥 너머의 밥이다. 객지에 사는 아이들이 집에 오면 저들이 어려서 잘 먹던 반찬을 마련하여 밥부터 챙긴다. 좋아하는 생선, 눈볼대와 머위나 곤달비같이 향이 나는 나물 반찬과 미더덕 된장찌개를 끓이면 왠지 뿌듯하여 콧노래가 나온다. 자식들의 입에 밥 들어가는 모습이 마른 논에 물 대는 것과 같다더니 옛말이 하나도 틀린 게 없다. 나의 간절한 바람과 사랑을 품은 밥과 반찬은 아이들의 안 속으로 들어가 꿈이 되거나 일상의 생채기를 지우는 지우개가 될 것 같은 믿음 때문이다.

담백한 절밥도 절밥을 훌쩍 뛰어넘은 밥이 되어 먹을 때마다 늘 사유의 시간을 갖게 한다. 깊이를 알 수 없는 산과 산사의 정적 속에서 무거운 삶의 중량을 오체투지의 기도로 덜어내어서인지 입맛이 소태 같은 상태이다가도 담담한 맛에 금방 젖어든다. 씹을수록 편안하다. 내 남은 생도 누군가에게 그윽하고 따듯한 위로가 되는 절밥 한 상이면 잘살았다 할 테다.

절밥은 세심의 역할도 한다. 비우려 해도 잘 비워지지 않고 물거품처럼 끝없이 일어났다 스러지기를 반복하는 내 안의 번뇌가 밥을 먹는 순간은 개운하게 씻겨지는 것 같다. 끝내는 나를 다스리는 영혼의 묘약이 되니 절밥이 추구하는 마지막 도착점은 그 지점일 것이다.

내가 주부여서 안다. 오신채가 생략된 절간의 밥상이지만 그냥 차려진 게 아니라는 엄숙한 사실을. 여든여덟 번 농부의 손길이 빚은 쌀과 반찬 스무 가지 이상을 만들려고 힘들게 산등성이를 오르내리고 땀으로 키운 푸성귀며 산바람이며 햇살, 비도 알맞게 내려서 얻은 것들이라는 것을.

손맛도 어울림의 극치인데 정성을 쏟지 않고 대충해서는 닿지 않는다. 이처럼 정갈하고 맛깔난 맛 속에는 맑은 풍경 소리와 '정진하여 자기 부처 찾아가라.'는 스님의 당부 말씀과 공양 간 보살들의 섬기는 마음과 나눔의 정신도 들어있다. 더하여 굽어보시는 부처님의 흐뭇한 미소까지 저며 있을 것이다. 결국 절밥은 하늘, 땅, 사람이 합심으로 빚은 우주 한 움큼의 종합예술품으로 우리와 일체가 되고 힘과 배경이 된다.

맛난 밥을 먹고 숲 향을 묻혀 산을 내려오니 크고 작은 세상 돌부리쯤은 아무것도 아닐 것 같은 용기가 생긴다. 마침내 참 봄이 나에게 그침 없이 들어왔다.

(2021. 봄)

꿀벌에게 말 걸다

노랗고 까뭇한 입자를 입속으로 털어 넣으니 입안 가득 뭍 꽃 향이 난다. 널브러진 게 건강식품이라 늘 범범하게 대했는데 이 화분花粉만은 부쩍 챙겨 먹는다. 아마 다음 세상에는 향기롭고 예쁜 꽃으로 태어나고 싶은 바람 때문인지도 모른다.

집을 나서 내를 따라 발길을 옮긴다. 밤새 내린 봄비가 간지러웠던지 둔치에 꽃 잔디와 유채꽃들이 잇몸을 드러내며 활짝 웃는다. 매연을 헤치고 향내를 찾아온 부지런한 벌 몇 마리가 꽃들에게 진한 애무를 한다.

몇 달 전에 꿀벌들의 개체수가 급격히 줄어든다며 그들이 없어지면 인류에게 주어지는 시간은 고작 4년이라고 걱정스런 방영을 했다. 이 땅의 주인은 생명 있는 모두와 공동명의여서 서로 잘 지키며 살다 오롯이 후손들에게 물려주는 게 당연한데. 이렇게 넝마가 되어 어느 날, 쓰나미 같은 재앙이 와서 인류역사를 다시 쓰게 되면 어쩌나.

배꼽마당에 벌집 여남은 동을 놓고 토종벌을 기르셨던 할아버지의 모습은 내 그리움의 중심축이다. 벌들은 지금처럼 꽃멀미가 솟구치는 봄을 시작으로 아까시 숲, 장다리밭이나 조팝나무, 집 옆의 감, 밤나무 꽃 사이로 쉴 새 없이 날아다니며 꿀을 따서 육각형의 벌집에 쟁였다. 당신은 꿀을 뺏으려는 풍뎅이나 등검은말벌을 쫓느라 밤을 새우시고 장마철에는 벌통 앞에 꿀을 놔두고 겨울에는 헌 옷으로 벌통을 감싸 피붙이인 듯 애지중지하셨다. 착한 벌들은 보은이라도 하듯 오달지게 꿀을 생산했다.

채취한 꿀은 삼촌들의 학비 일부가 되기도 했고 나머지는 꿀 연고, 꿀 파스, 꿀 소화제가 되어 안 낫는 병이 없는 그야말로 식솔들의 만병통치약이 되었다. 꿀 속에는 꽃들의 숨결과 햇살과 바람,

벌의 땀과 할아버지의 혼 같은 천지인의 기가 진득하게 녹아 더 요긴한 약이 되었을 성싶다. 간절함이 모여 지은 꿀을 먹고 자란 내 유년은 따사로웠고 생의 아린 굽이에는 묘약으로 자리매김했다.

젊은 한때, 시아버님의 사업이 롤러스케이트를 탔다. 양수 속에서 살아왔던 나에게 그 충격은 실로 엄청났다. 소중한 줄 모르고 가졌던 풍요는 붉은 입을 쩍 벌린 운명이 삼켰고 해삼처럼 돋은 혓바늘과 눈물바람은 위통까지 밀쳤다. 아이를 임신한 때여서 약을 삼갔는데 인편으로 할아버지께서 보내신 꿀이 당도했다.

꿀의 따듯한 성질은 나를 덮친 얼음장 같은 삶의 온도를 조금씩 녹이고 아린 세월을 견인했다. 비로소 애정의 농도가 왜 꿀의 달콤한 맛으로 표현되는지 신혼여행을 허니문, 부부의 애칭으로 허니가 되어 우리 삶에 끈끈하게 녹아있는지 알아챘다. 인생이란 사랑을 찾아가는 짧은 기간이라든가. 우리들 입맛의 시작이며 마무리이고 생의 답도 지니는 그 소중한 맛을 꿀벌은 온몸을 던져 생산한다.

벌은 오늘을 사는 우리들의 자화상이다. 꽃을 찾아 먼 산과 강을 지나 고독한 비행을 하며 작은 몸 잔뜩 꿀과 꽃가루를 꿰어 나르는 모습은 세상이라는 아찔한 벼랑에 밧줄 걸어 흔들리며 사는 현대인들의 삶에 왜 자꾸 포개지는지. 그렇게 얻은 양식을 사람과 나눠 먹고 꽃들에게 씨앗을 맺게 하는 벌의 존재가 빛난다. 이런 선과善果로 큰 덩치의 포식자 공룡은 멸종해도 벌들은 기원전부터 인간과 더불어 살아왔는데 앞날의 공생은 철저히 우리 몫이다.

웰빙이 중요하지만 웰다잉도 사회적인 이슈가 되는 요즘이다. 영리한 벌들은 늙고 병들면 자기로 인해 가족들이 적들에게 노출되어 해를 당할까 먼 숲속에서 혼자서 생을 마무리를 하는 속성이 있단다. 이승의 마감을 홀로 감내하는 절제와 침착성을 나는 따를 수가 있을까. 그들에게 죽음이란 영원한 이별이 아닌 삶의 연장으로 봐서 그리 초연할까. 고단한 이승을 서둘러 접으려고 그러는가 싶어 목이 컥컥하다. 꿀벌처럼은 아니어도 인간으로서 존엄성을 지키며 고고하게 솔방울이나 동백꽃처럼 세상나무에서 뚝 떨어졌으면 싶은 게 내 남은 희망사항이다.

문득 돌아가신 외할머니의 이야기가 겨자를 먹은 듯 쏴— 바람한 줄기로 스친다. 나라가 해방은 되었지만 정체성의 문제로 혼란스럽던 시절, 뒷산 싸리꽃 향이 마을로 굴렁쇠처럼 굴러오는 어느 토요일이었다. 감나무에 수만 마리 꿀벌들이 엉겨붙어 분가를 하는 간밤의 꿈이 수상해 외할머니께서는 뒷짐 지고 해종일 대청마루를 서성였다. 해거름에 노을을 등지고 책가방을 든 학생 신랑이 새색

시를 찾아 탈래탈래 처갓집에 왔다.

그 후 어머니는 태기가 있었으니 꿀벌에 대해 마음이 쓰이는 것은 원초적인 나를 찾아가는 일인지도 모른다. 적어도 내가 사는 일이 꿀벌의 이름에 누는 끼치지는 않아야겠는데, 내게 주어진 가볍지 않은 숙제다.

(2017. 겨울《부산수필문예》)

아주 유별난 샤워

시퍼렇게 벼린 거대한 날이 하늘을 자르고 조금의 망설임도 없이 수직으로 곤두박질쳐 내린다. 우르르 탕탕 포효하며 땅의 중심축을 흔들고 고막을 찢는다. 그 기세에 눌려 세상의 소리란 소리는 감히 귀의 레이더에 잡히질 못하고 그저 먹먹할 뿐이다. 엄청난 광경에 온몸에 소름이 돋고 전율이 인다. 이리호*에서 출발하여 온타리오호*를 향해 달리는 도중 퉁퉁 불은 젖을 짜내 들판을 살리고 풀꽃도 키우며 물풀을 쓰다듬고 유유히 흐르다 갑작스런 낙하에 놀라 고래고래 소리치는 강물.

긴 열네 시간의 비행 후 도착한 미국 동부의 숙소에서 또 네 시간여를 버스로 달려 캐나다에서 만난 신비의 나이아가라 폭포다. 짐을 꾸리며 때 이른 가뭄으로 강폭이 줄어들까 쓰나미 같은 기상 이변이나 IS가 나타나면 어쩌나 설렘 반 걱정 반으로 정보를 수집하며 사전 답사를 하다시피 했는데 괜한 기우였다.

나이아가라 폭포는 언어의 수사가 왕성하게 활동할 수밖에 없는 그야말로 나의 상상을 뛰어넘은 실체였다. 높이 55미터에다 폭 671미터 크기의 웅장한 모습에 형용사와 부사가 비교급을 뛰어넘어 최상급으로 엄청난 확장을 했다. 천둥 같은 물소리에서 의성어가, 도도히 흐르는 몸짓에서 의태어를, 직설법으로 뛰어내리지 않나, 감탄사는 그칠 줄을 몰랐다. 결국 폭포에는 내 빈약한 언어로 끄집어낼 수가 없는 문장이 시퍼렇게 살고 있었다.

감격의 순간을 맞으니 여독으로 구겨진 허리와 어깨의 통증은 말끔히 사라졌다. 말발굽 모양새의 폭포가 떨어져 내린 강 위로 우리가 탄 '안개의 숙녀 호'는 출렁이는 물결 따라 흔들리는 나뭇잎에 불과했다. 물의 소용돌이나 파도에 따라 뱃머리가 하늘을 향해 솟구치고 옆구리가 빠른 유속에 기우뚱거리자 진땀이 났다.

폭포 가까이 가니 희붐한 물안개 위로 이제는 우리의 눈에서 멀어져 전설이 되려는 예쁜 무지개가 떠서 물에 대한 두려움을 환상의 세계로 이끌었다. 환상이란 허무로 끝날 수밖에 없어 더 찬란하고 아름답다. 분명한 것은 그를 통해 현실이 챙기지 못한 위안이나 치유를 한다는 것이다. 잡다하고 엉뚱한 생각에 잠겨 있는데 왈칵 강물이 붉은 비옷 위로 사정없이 끼얹어져 온몸이 얼결에 샤워를 했다. 더불어 서럽던 일, 화가 났던 일, 생채기도 몸 밖으로 거세게 떨어져 나갔다. 마음을 씻으니 개운하고 가벼워 삐죽 거드랑이에서 날개가 솟는 것 같다.

사람 사는 일도 이 폭포처럼 더러 흔들리고 바닥으로 사정없이 내동댕이쳐지는 일인데 나는 생의 큰 장애물 앞에서 어쨌던가. 높은 하늘이 내려앉았고 가슴은 싱크홀이 되어 가라앉았다. 비명을 지를 힘도 없었다. 강물은 죽을 것 같은 고통을 겪어도 금세 툭툭 털고 추슬러 쉼 없이 제 목적지를 향해 간다. 초당 7천 톤이 떨어지고 시간당 흐르는 물은 서울 시민이 한 달 쓰는 수돗물 양에 맞먹는 엄청난 규모여서 천혜를 받은 캐나다가 부러웠다. 또한 그 절경을 찾아 국경과 대양을 넘어와서 감탄하는 우리 일행도 행운의 대열에 선 것은 틀림없다.

영원을 흐를 폭포 입장에서는 나와의 조우가 찰나에 불과하지만 나에게는 벼르고 별러서 마련한 처음이고 마지막인 만남일 게다. 아쉬운 마음에 헬기를 타서 내려다보고 승강기로 곁으로 다가가 보았다. 회전 레스토랑에서 식사까지 하며 완상한 나이아가라는 오래 두어도 아삭한 내 기억의 장아찌가 될 것이다. 멀리 혹은 가까이 더듬어 본 폭포의 속살은 용케도 공해에서 비켜가 아름답고 청아했다. 말간 욕심 없는 마음이 편안해 하늘은 주저치 않고 강물에 내려 무색의 물빛을 저리 청옥 빛깔로 물들였을까. 나도 맑아져 하늘을 담아내고 싶다.

이런 경이로운 폭포는 낱낱의 물방울이 함께하여 만들어낸 기적이다. 따로 움직이면 증발하며 짧은 생을 살 작은 물방울에 불과할 텐데 더불어여서 이리 온 누리에 장쾌한 굉음을 내며 영원을 흐르는 폭포가 될 수 있잖은가. 뭉치는 일이란 이리 엄청난 일이다. 사람도 낱낱이 흩어질 것이 아니라 서로가 서로의 존재에 책임을 지는 물의 본성을 닮아야 한다. 이래서 노자老子는 물을 세상의 근본으로 삼았는가 싶다.

한밤중, 전망대에서 본 검은 하늘에 쏟아지는 색색의 불꽃 쇼는 나이아가라 폭포 관람의 백미였다. 자옥한 물안개 속에 켜진 조명은 폭포가 피어 올린 샤방샤방한 꽃밭이었다. 그 꽃무리 속으로 풍덩 빠지면 나도 폭포에 피는 한 송이 고운 꽃이 될 것 같은 달콤한 꼬드김을 몇 번이고 떨쳐내야 했다.

나이아가라는 신이 스스로 만들고 지켜보아도 빼어난 작품인지라 사람과 어울려 사랑하자고 펼쳐놓은 창조물은 아닐까. 절대자의 걸작이기도 업적이기도 한 대자연의 비장하고 신비스런 모습 앞에서 나는 납작한 한 장의 김이 되어버렸다. 나도 모르게 유체이탈이 이루어졌다. 마음은 나이아가라 강물이 되어 뒤적이며 저민큼 흘러가고 몸은 한참이고 느낌표가 되어 그 자리에 서 있었다.

*이리호: 미국과 캐나다 사이에 있는 오대호 중 하나. 세계 13위로 큰 호수.
*온타리오호: 미국과 게나다의 국경에 있는 호수. 캐나다 온타리오주와 미국 뉴욕주에 닿아 있음.

(2019. 가을)

부부가 그랬다

–나를 둘러싼 모든 것이 완벽했다– 들머리부터 해설자의 목소리는 낮고 차분했다. 점점 몰입되어 먼 젊은 날들의 허구를 향해 나는 스스럼없이 되감기를 했다. 드라마 〈부부의 세계〉는 두 달간 밤이 이슥하도록 긴장감과 빠른 속도와 절제미로 나를 가둔 끈끈이주걱이었다.

극이나 영화에서 불륜은 수없이 많이 다뤘던 진부한 소재다. 그러나 완벽한 연기력과 당당하고 적극적으로 행동하는 캐릭터가 신

선하고 충격적이기도 해서 몰두하게 되었고 대리만족까지 했다. 고아였지만 의사로 성공한 아내와 사업가인 배우자와의 행복하였던 가정이 느닷없는 남편의 외도로 금이 가기 시작했다. 배신감에 참다못한 아내가 복수를 실행할 때는 묘한 카타르시스까지 되었다.

권태란 남자에게만 있는 것은 아니다. 여자에게도 옥죄는 현상을 떨치고 자유로워지고 싶고 풋풋한 꿈을 실현하고픈 욕구는 있다. 난지 남자는 충동적으로 행위에 옮기고 여자는 이성적으로 억제했을 뿐이다. 우여곡절 끝에 이혼을 하고도 남자가 곤경에 처했을 때 다시 위기에서 구해내기도 하고 애정결핍으로 문제아가 되어가는 아이를 가운데 두고 공동운명에 절망하기도 했다. 헤어졌지만 깔끔하게 도려낼 수 없는 끈끈한 상황에 고심하는 그들의 미묘한 심리상태를 극은 밀도 있게 묘사했다.

시청률을 의식해서인지 다분히 선정적이고 통속적인 전개는 불편했다. 좀더 격이 있는 작품으로 이끌려면 맞불륜이라는 낯뜨거운 선을 넘지 않고 은유로 작품 처리를 했다면 한결 품위가 있고 여운이 남았겠다 싶었다. 그로 인해 이혼 수속을 밟고 자금관계를 캐내는 설정은 치졸한 거래 그 이상도 이하도 아닌 성을 상품화한 듯해 불쾌했다.

다시 두 사람은 미처 정리하지 못한 감정의 찌꺼기로 서로를 취하여 아이에게 안 보여야 할 추한 장면을 연출하여 혼란만 키웠다. 그걸 계기로 남자의 새 가정을 무너지게 하는 기여도는 있었지만.

말미는 완성도가 높았다. 많은 파란을 겪은 후 마침내 두 사람은 관계 정리가 되고 각자의 삶으로 돌아가 충실하게 사는 그녀에게 띵 똥— 엄마를 찾아오는 집을 나간 아들의 어렴풋한 구원의 영상은 백미였다. 드라마의 마침표는 완벽했다. 이 드라마가 높은 시청률을 올릴 수 있었던 까닭은 답답하고 암울한 시기에 부부의 정체성에 대해 한 번쯤 사유할 시간을 갖게 한 것이다.

누군가 웨딩 케이크는 아주 위험한 음식이라고 했던가. 행복한 결혼은 죽어 몇 번이고 다시 태어나도 사랑할 사람과 하라던가. 세상에는 그런 탁상이론에 맞는 사람은 없으며 나 역시 고쳐 죽어도 누군가에게도 그런 여인은 못 된다.

그 여자가 살아온 부부생활도 그랬다. 한 남자가 열어준 우주는 감미로운 선율이 흐르고 장미는 향기로웠다. 영원할 줄 알았던 사랑의 유효기간은 고작 이삼 년여 남짓이었다. 마법이 풀리자 기다리는 것은 가시밭이었고 숨까지 턱 막혔다. 사강의 말처럼 사랑보다 열정을 믿는 게 정답일까. 책임져야 할 올망졸망 자식들이 천금의 무게로 오고 나서야 이상과 현실의 거리가 좁혀졌다. 그런 터널을 힘들게 통과하고 나니 비로소 여여해졌다.

그 남자도 마찬가지였겠지. 따스한 눈빛을 주고받으며 손 잡고 밟는 꽃길도 잠시였다. 가장이라는 세찬 바람이 몰아치는 벌판을 굴레를 진 소달구지가 되어 묵묵히 앞만 보고 뚜벅뚜벅 걸어야만 했다. 세상 앞에서 꼿꼿한 자존감은 휘어지기도 했고 언제 마음 놓고 비명을 지를 겨를도 없었다. 세월의 뒤안길을 휘돌아 서로의 거울이 된 이즈음에야 깊이를 모르는 연민이 쌓인다. 인생도 부부의 사랑도 무상한 것인가 보다.

우리가 신는 새 구두 한 켤레도 쉽게 내 것이 되질 않는다. 산뜻한 기분으로 아름다운 길만 디딜 것 같아 두근거리며 신어 보지만 곧 발이 아파 일회용 밴드를 붙여 얼마간을 보내야만 편안해진다. 부부도 그렇다. 할퀴고 상처가 나고 으르렁거리다 웬만큼 시간이 지난 후에야 서로에게 맞춤형이 된다.

만만찮은 부부의 세계지만 다시 생이 주어진다 해도 나는 또 결혼을 선택할 것이다. 해도 후회하고 안 해도 후회한다면 폭 넓은 사람살이를 하면서 사랑을 실현하며 살아가는 게 훨씬 이익이다. 니체는 "결혼, 나는 이것을 창조주보다도 더 나은 것을 창조하려는 두 사람의 의지라 부른다. 이 말이 그대들의 결혼의 의미와 진리가 되게 하라."* 이 구절을 부부 세계의 답으로 하고 싶다.

* 니체의 《짜라투스트라는 이렇게 말했다》에서 인용.

(2020. 봄)

또한먼지

창문을 여니 온천천을 감싸던 차갑고 삽상한 공기가 와락 달려든다. 마른 갈대와 나목, 대나무와 짭짤한 갯내를 묻혀온 미세한 입자들이 방안에 갇혀 있던 알갱이들과 서로 엉키며 자리바꿈을 하느라 부산하다. 세상사 모두가 인과일 텐데 이들은 이제부터 나와 함께 움직이기도 하고 방과 마루나 책 어디든지 앉아 눈에 띄기나 숨어 저의 있음을 여러 방법으로 알릴 것이다.

그들은 또 사람들의 과욕으로 금 지은 하늘이나 땅의 경계를 박

차고 먼 변방에서 날아와 인체에 붙어서 알레르기를 유발하고 세균이라는 발병의 원인 인자로 우리의 불청객이 되기도 한다. 청결이라는 인간 중심의 행위로 물에 씻기기도 하고 털이로 털려나가 허공에 부유하며 오랜 세월 우리의 갑질에도 불구하고 을의 상태로 있는 먼지다. 그렇다고 그게 그들의 전부는 아니다.

냉정한 사람들의 행위에도 불구하고 서로를 다독이며 뭉친 입자들끼리 의연하게 모여 일출과 일몰에 노을이라는 이름으로 아름다운 우주를 연출한다. 나비의 전신이 징그러운 애벌레임을 망각하듯 그들이 먼지의 실체라는 것을 깡그리 잊은 우리들의 가슴을 적시며 위안이 되고 꿈을 꾸게 하고 시인 묵객들의 찬탄을 받기도 한다.

한때 살아가는 일이 살아내야만 한 일로 지속되어 가슴을 옥죄던 적이 있었다. 자의든 타의든 안착하여 머물다 인연이 다하면 또 다른 곳으로 걸림 없이 무한공간을 날아다니는 그들의 자유, 노마드성 기질이 부러워 하늘만 보았다.

휴일이면 편백나무 숲 가까이 있는 복천동 박물관으로 더러 산책을 간다. 고분군에서 출토된 먼지가 끼얹어진 가야시대의 토기나 철제품 등의 유품은 정겹기도 신비하기도 하여 넋을 빼앗겨 한참을 서성댄다. 성급한 세월은 앞서가고 사람도 떠나갔지만 먼지는 더러 없어지고 이렇게 남아 처절하게 몸을 포개고 쌓아 침묵으로 시간의 향기와 역사를 품어 우리에게 말 걸기를 한다. 깃털보다 더 가벼운 먼지가 수천 년 전의 사적과 어우러져 뜻을 전한다는 것은 먼지만이 할 수 있는 고유 영역이다. 또 한 먼지는 떨쳐버릴 수 없는 존재로 나의 가슴을 두드렸다.

2년여 긴 투병을 하시던 아버지께서 이승의 허물을 훨훨 벗으셨다. 문상객들은 존엄사의 기회를 놓치고 의식이 없는 상태에서 오래 연명을 하기보다는 놓아드리라 했다. 그러나 지방에 산다며 책임을 회피하고 방관자가 된 나의 비겁함과 무심했던 그 모두가 자꾸 명치에 걸려 속이 울렁거렸다.

불가에서는 삶과 죽음은 같은 선상에 있어서 죽는다는 것은 윤회의 업보를 벗어나 해탈로 가는 희망이라고도 한다. 현자는 죽음이란 삶의 절정이며 인간이 피우는 마지막 개화開花라고도 한다. 언젠가 본 영화 〈오구〉에서도 가족 모두가 할머니의 세상 하직을 자연스런 축제 한마당으로 연출했고 장자莊子도 아내가 죽자 춤을 추고 노래를 하였다. 나의 정신세계가 습자지처럼 얇아서인지 지극히 개별적이고 보편적으로 본 탓인지 아버지의 죽음은 영원한 부재 일뿐이다. 다시는 당신에게 쌓이는 그리움을 해결할 수도, 숨결을 마주 대하고 체취도 맡을 수 없다는 엄연한 사실에 가슴이 공황상태가 되었다.

발인일에 피골이 상접한 파리한 육신은 삼베에 꼭 싸여 꽃상여에 태워져 경부고속도로를 달려 당신이 그리던 고향 땅에 내려졌다. 이승의 곡진한 삶도 모자라 자식들이 도모하여 화장터의 활활 타는 불구덩이 속에 당신을 밀어 넣고는 천연덕스레 “아버지! 뜨겁습니다. 어서 나오세요.”라며 공허하게 소리쳐 혼을 모시는 형식을 취했다. 한없이 무거웠던 당신의 삶은 한없이 가벼운 한 줌의 재, 날리는 먼지로 우리 앞에 나타났다.

한 세상 힘겹게 그 누구도 대신할 수 없었던 배역을 끝내고 영육이 나누어져 짧은 시간에 형체가 사라진 비감하고 쓸쓸한 과정을 지켜보는 현장은 그저 먹먹했다. 아무도 떠나기만 하고 되돌아오지 못하는 피안의 시작은 나를 낮추고 욕심도 털어 미세한 먼지의 꼴로 입문하는 것일까. 떼내려 하면 할수록 더 달라붙었던 삶의 번뇌를 죽음으로 벗어나 가벼운 먼지의 형태가 되어 당신의 영혼은 바람 혹은 구름이 되시려나. 삶을 총망라한 이런 허망하기까지 한 모습을 향해 우리는 숨을 쉬고 노역하고 애증에 갈등하고 버거운 생의 줄타기를 했을까.

한참이고 헝클어진 내 안에 당신의 영정사진이 눈에 들어왔다.

'큰애야, 육신의 맨 나중은 미미한 먼지일 뿐이란다.'시며 미소 지으셨다. '아버지, 잠시 생자필멸生者必滅이라는 불변의 진리를 잊었어요. 당신은 가셨지만 지지목인 피붙이들, 사람냄새 나는 이웃들과 사는 날까지 저의 몫을 열심히 살겠습니다. 제 삶의 레시피인 글을 사랑하면서 살다 어느 날 먼지 되어 아침이면 해를 밀어 올려 고단한 세상 삶에 희망이 되고 저녁에는 가슴을 적셔주는 고운 노을이고 싶어요.'

남 믿기를 자신보다 더 믿은 이승의 신산한 삶보다 무한바다에 더러 흩어지고 때로는 뭉쳐 좋은 인연으로 부활하실 것 같은 바람으로 무연히 흙과 바람, 숲에게 먼지가 된 당신의 분을 맡겼다. 무심한 안개만이 서늘하게 산길을 지우고 있었다.

(2014. 가을)

당신에게 행운을

산이며 들, 바라보는 늪이 온통 초록이다. 풋풋한 내음이 진동을 한다. 어깨를 눌렀던 삶의 무게가 한결 가뿐해지고 나도 모르게 스르르 한 마리의 풀빛 카멜레온이 되어버렸다. 한 시간 남짓 운전으로 생판 딴 세계가 펼쳐지니 감동의 온도가 쑤욱 올라가는 건 당연하다.

빌딩 숲과 콘크리트가 연일 뿜어내는 열기로 온 나라가 한증막이다. 시원한 한줄기 소나기라도 오면 해갈이 되고 더위도 한풀 꺾

이련만 무심한 하늘은 팔월 중순인데도 꿈쩍 안한다. 이렇게 만만찮은 날씨와 맞대응할 요량으로 창녕의 우포늪을 택했다.

늪 위에 개구리밥과 물마름, 물옥잠 같은 수초들이 식혜의 밥알처럼 떠 있는 모습이 초록 융단을 좍 깔아놓은 것 같다. 융단이 가볍고 산뜻하여 바람과 구름이며 새들이 편안하게 오가고 햇살도 오래 머물다 갔겠다.

물닭과 왜가리들이 수면에 미끄러지며 먹이를 찾고 있고 물속에는 어류와 패류, 양서류와 파충류 등이 층을 이뤄 평화롭게 잘 살고 있단다. 서로 많이 가지겠다고 싸우고 시기하고 미워하는 복잡한 인간의 터전과는 달리 자연의 질서와 섭리를 묵묵히 따르며 오순도순 잘도 살아 말을 잃었다. 우리의 영토에도 그런 순리가 정답일 텐데 알면서도 못 지키는 사람이라 늪에게 면이 안 선다.

좀처럼 우리 눈에 띄지 않던 호랑나비와 물잠자리가 늪 속의 능수버들 허리께에 날자 아득한 기억의 고방에서 박제되어 있던 동심이 하품을 한다. 바윗돌에 는적대던 다슬기와 소금쟁이가 개울물을 간질이고 물봉선화가 청초한 꽃을 피우던 어릴 적의 냇가가 정제되거나 훼손되지 않고 원시 그대로의 날 자연 도감이 되어 펼쳐진 별천지다.

나에게 늪이란 수렁이나 구렁텅이, 혹은 한번 빠지면 헤어나지 못하는 진흙에다 늘 물이 질척한 부정적인 의미가 가득한 곳으로 눈에 띄면 애써 피하고 얼굴을 돌렸다. 그 늪이 땅의 콩팥, 거름망이 되어 오염을 정화하고 천 가지가 훌쩍 넘는 사람이 못 거둔 많은 목숨들을 키우는 자궁의 역을 하고 있다. 생명을 살리는 일은 사람이건 자연이건 산 자가 할 수 있는 절대 선인데 힘들다 않고 너끈히 우포, 쪽지벌, 사지포와 목포가 실천하니 경외감까지 든다.

가족이란 그냥 이뤄지는 집단이 아니다. 진한 피가 흐르거나 영혼의 조립이 아프게 이뤄져야 비로소 탄생한다. 자식을 잉태하고 생살을 찢어 세상 밖으로 내보내 올곧게 자라기까지 어미의 가슴은 숯덩이가 될 수밖에 없는 그 절절함이 늪이라고 열외는 아닐 테다. 때로는 힘들어 잡은 손 놓고 발뒤꿈치를 치켜들지는 않았을까. 어느 날인가 왈칵 범람한 홍수로 별리의 아픔도 겪었을 터. 늪은 떠나는 이들을 부러워하지 않으며 굳건하게 놓임 자리에서 여러 명줄을 거두는 어기찬 일을 해냈을 테다. 그 지극함으로 우포의 물빛이 뿌연 젖 빛깔이 돌고 애가 탄 흔적으로 바닥이 저리도 시꺼먼 것은 아닐까.

나에게 다가온 인연이 떠오른다. 난들과 결혼 기념 화초인 문주란, 반려견과 새들을 나의 무관심으로 놓치고 나서야 애련으로 몸을 떨었다. 사람 관계에서도 쓸쓸한 누군가 기댈 수 있게 어깨를 빌려주고 작은 꿈이라도 꾸게 한 적이 있던가. 더러는 핑계를 대며 매몰차게 털어내고 외면도 했을 것이다. 그래서 사람이 팽개친 목숨을 거두어 되살리는 우포가 태산 같고 바다 같다. 이 혼돈의 시대에 세상을 구원하는 것은 역시 모성이 답인 것 같아 늪을 좇고 싶은 마음에 파란 수액을 들숨으로 수혈한다.

한참이고 한갓진 생명의 길을 걷나 생태체험장에 들렀다. 따로 격리해 보호하는 가시연꽃이 가시를 뚫고 수줍게 꽃잎을 연 자태를 보았다. 큰 잎에 비해 작고 허약한 보랏빛 꽃이 '당신에게 행운을' 이라는 꽃말을 하며 바람결에 조금씩 입술을 움직인다. 근근이 목숨을 부지하면서도 바라보는 이에게 비나리를 하는 가시연꽃이라니. 제 한 목숨 부지하기도 힘든데 상대부터 챙긴다. 늪이 키운 자식은 어진 제 어미의 마음 씀씀이를 그대로 닮았다.

이기심인 줄 번연히 알면서도 늪에게 바람 앞의 등불 같은 처지에 있는 가시연이나 고니나 따오기, 노랑부리저어새 등의 아름다운 이름들이 오래 우리와 함께 시간의 너울을 넘게 해달라고 당부하며 늪 속에 손을 넣어 본다. (2018. 여름)

2부

그대 가슴엔 내가

여느 때처럼 단전호흡과 시를 암송하고 숫자를 가감하며 갖은 정성을 다해 다가가 보지만 어림도 없다. 왜 이리 꿈나라의 입국은 까다로운지. 이도 저도 여의치 않아 집안을 휘- 둘러본다.

거실 한편에 다소곳이 있는 반닫이에 때가 많이 앉은 것이 눈에 띈다. 얼마나 무심하고 게으른 주부인가 나는. 집이며 가구도 내 안을 닮은 것 같아 얼른 부드러운 면 걸레를 꺼내 쓱쓱 닦는다. 부실한 어깨와 손목으로 한참이고 문지르니 행서체로 된 수복이란 글자와 십장생이 새겨진 백동 장식과 경첩이 반짝이며 드러난다.

친정어머니께서 쓰셨던 오동나무 반닫이다. 내가 챙기지 않았으면 동생네의 화재로 사라질 뻔했던 물건이라 더 애착이 간다. 윗입술처럼 반쯤 열린 문으로 철지난 옷을 넣고 수십 년째 당신의 냄새를 기억하며 우리 가족과 살 부비며 살고 있다. 내 손의 움직임으로 윤이 나는 장식은 세월의 더께가 앉은 갈색의 몸통과 어우러져 한결 운치가 있다.

그 옛날, 친정집의 호위무사였던 오동나무였다. 집을 중심으로 맨 가장자리에는 오동나무가 신전의 기둥인 듯 하늘을 들어 올리고 안으로 탱자나무, 감나무, 석류나무와 앵두나무들이 대문이 없던 우리 집의 지킴이 역할을 했다. 그 안에서 대가족의 사랑을 듬뿍 받은 우리 형제들은 오동나무 따라 깨금발을 하며 몸과 마음의 키를 키우고 풋풋한 꿈을 꾸었다. 오동나무는 자라는 속도만큼이나 인연의 끝도 빨리 왔다.

어느 초겨울, 친구와 헤어져 집으로 오는데 명주 목도리를 헤집는 싸늘한 바람에 허우룩한 예감이 들었다. 재바른 걸음으로 왔더니 세상에! 굵고 우람한 나무들이 나무꾼들의 예리한 톱날에 흰 피를 흘리며 우지끈 어이없이 쓰러지고 있었다. 가족을 잃은 설움에 뒷산과 가까이서 팔짱 끼고 크던 은행나무와 참나무도 메아리와 함께 울먹였다.

우리 집은 갑자기 절해고도가 되어 무섬증이 밀물처럼 밀려왔다. 그들이 사라진 그루터기에는 휑한 바람만 일었고 나뭇가지에 걸려 교교한 빛을 뿌리던 달도 스쳐 지나가고 실한 둥지를 틀었던 새들도 더부살이를 해야 할 판이었다.

안타까워하던 내 모습이 짠하셨던지 할아버지께서는 오동나무로 앉은뱅이책상과 책꽂이를 장만해 주셨다. 갑작스레 가구로 변신한 모습이 서먹하기는 했지만 다시는 내 곁을 어이없이 떠나지 않으리라는 믿음 하나로 마음을 다독이며 정을 포개 나갔다.

팍팍한 세상에서 함께 숨을 쉬지만 사람과 달리 오동나무는 그릇이 컸다. 혹시 키 작은 초목들이 자기의 큰 덩치나 잎으로 햇살을 못 먹을세라 늦은 봄이 되어서야 움을 틔웠다. 될성부른 나무가 되기 위해 몇 번이고 몸이 잘려야 하는 고통도 감내하고 다시 죽어 목재로 또 한 번의 삶을 사는 그들. 몸속에 성심을 다하여 빚은 음표를 퉁겨 삶에 지친 사람들을 위무하고 희망을 주는 나무다. 언제나 남을 먼저 배려하는 오동나무의 가슴에는 넓고 깊은 바다가 사는가 보다.

지선한 오동나무는 기꺼이 내 어머니의 혼숫감 1호까지 되었다. 증조부께서 도시의 고등학교 재학 중인 학생 손자의 짝으로 고을 원님의 손녀를 탐내 혼사를 하자니 혼물을 바리바리 소달구지에 실어야 했다. 당신께서는 저수지 아래의 일등호답 세 마지기 논을 팔아 재봉틀을, 집 주위의 오동나무를 베어 만든 맞춤 가구와 패물을 철렁대며 사돈댁에 보내셨다.

위로 두 아들을 내리 잃고 얻은 딸이라 어른들의 무릎 위에서만 키운 마음 여리고 어여쁜 아기씨. 그 규수의 꿈이 장롱이나 반닫이처럼 우아하고 단아하게 여물어야 했었다. 서랍 아래쪽에 있던 혼서지나 신행 전에 주고받았던 신랑의 연서처럼 가슴 두근거리는 인생이어야 했다. 예나 지금이나 과다 혼수는 눈덩이처럼 부풀어져 그에 걸맞은 대가를 가슴 저리게 치러야 하는 모양. 절로 우는 가야금이 있다면 어머니의 한 맺힌 음을 그침 없이 쏟아내었을 테다.

갱년기가 지난 어느 날, 쟁- 하고 매미 소리거나 물 흐르는 소리가 내 귀 안쪽에서부터 조그맣게 혹은 크게 저의 존재를 알렸다. 갖은 치료가 소용이 없어 의학의 한계에 실망하며 나날을 보내다 어느 날 문득 아하! 하고 감이 왔다. 어릴 때 오동나무 등에 업혀 노래하던 풀매미 소리와 오동잎 배를 띄웠던 냇물 소리가 시공을 휘

돌아 질긴 연줄을 물고 나에게 온 것이려니 하고 예민한 마음을 내려놓으니 한결 편안했다.

한번 물꼬를 트기가 어렵지, 쉬 믿음을 바꾸지 않는 나의 성격 때문인지 쌀뒤주나 작은 서랍장, 반닫이, 소반 등의 소품으로 부활한 그들을 사용하며 기억의 창고에서 서성이는 지난 생의 모습을 떠올린다. 큰 손으로 일으키던 건들바람과 꽃향기, 하늘을 조각내어 인기척을 내며 떨어지던 잎 등 오동나무에 대한 무한한 신뢰는 헛발질이 아니었다. 그들을 향한 그리움으로 삶의 부침과 상처 속에서도 가슴 뛰는 아침이 오고 가기도 한다. 어릴 적 책상과 책꽂이를 그리며 마련한 작은 서재에서 좌판을 두드리고 자음과 모음을 조합하면 오동나무 숲에 든 듯 외로움이 가신다.

잡다한 시름이 병이 되어 뒤척이는 밤, 이렇게 반닫이와 마음의 각도를 맞추면 끝내는 불면의 밤도 스르르 꼬리를 내릴 테다. 설핏이라도 오늘밤 꿈결에 오동나무 밑에서 빨래를 하시던 무명옷 차림의 젊은 어머니를 뵐 수 있으려나.

(2016. 여름)

산타가 오셨네

책을 받은 지인으로부터 크리스털 조각이 들어있는 보석 펜을 선물 받았다. 은하수 한 자락을 후루룩 훑어 넣은 것 같은 펜을 들고 원고지 칸칸을 조립하면 말없는 응원이 깃들어서인가. 쓸 때마다 막히는 실마리가 이래저래 풀리고 기분이 반올림되어 마술 펜인가 싶다.

이 펜을 선물하려 할 때 그분은 한참이고 나의 취향을 떠올리며 고민을 했을 테다. 부담이 따르지 않는 범위 내에서 선물을 한다는 것은 내 마음 한 가닥을 타인에게 소곳이 옮기는 행위다. 그로 인해 서로 간에 사랑의 수은주가 오르기도 하고 서먹한 사이가 바짝 가까워지고 소통이 된다, 그 선물이 받는 이에게 절실한 것일 때는 격려가 되고 오랫동안 가슴에 향기로 남아 있다.

3년 전, 칼바람과 크리스마스 캐럴을 타고 한 남자가 세상 안으로 들어왔다. 훤칠한 키에 시원한 이마 하며 우뚝한 콧날, 어느 한 군데도 미흡함이 없는 조각 같은 외모와 기발한 익살은 신의 편애가 증명이 될 만큼 축복 받은 사람이었다. 그렇게 사람을 기분 좋게 하는 인자를 가진 그가 우리에게서 자취를 감춘 지 강산이 변하고도 여러 해, 성탄 이틀 전 갑작스런 기별이 와서 놀라 전화기를 떨어뜨릴 뻔했다.

초대 받은 일식집의 거한 한상 위에 누운 회는 윤기로 반들거리고 푸싱귀의 풋내가 상금했지만 무자별 황칠을 해놓은 그의 모습을 보는 순간 머릿속이 하얘졌다.

작은 나라지만 세계 살림 형편 따라 늘 외줄타기를 해야 살아남는 이 나라의 운명 앞에 어느 날, 경제 대국의 기치를 걸고 급하게 쌓아 올린 바벨탑이 와르르 무너지는 IMF가 터졌다. 잊을 수가 없다. 그 참혹한 상황에서 헤어나기 위해 전 국민이 몸부림을 치게 된

국치의 날을! 한창 일해야 하고 일할 50, 60대 초반이 직격탄을 맞았다. 그와 우리 모두 회오리바람에 가두어져 몸을 못 가눴다.

젊음을 바친 직장 생활에서 두부모처럼 규격품으로 살았던 가장들이 대책 없이 거리로 몰려나오자 기다리는 것은 삶의 고추바람과 엄청난 좌절이었다. 갑작스런 구조조정에 생존이 위협 받고 용기 내어 디딘 돌다리마저 몇 번이나 허방이 되자 그는 할 수 없이 공사판 따라 일용직으로 전국을 유랑했다. 아내는 이 땅의 벼랑 끝에 선 아줌마가 할 수 있는 일은 죄다 했고 아이들은 소년병이 되어 방패를 메고 얼음 세상을 나아가야 했다.

우리를 비롯한 주변의 모두는 늘어진 자기의 코 길이를 줄이는 데 급급해 그저 불구경만 했을 뿐 방법이 없었다. 갑작스레 입원한 남편한테 울먹이며 바람인 듯 전화를 했을 뿐, 세상에서 떠밀려 세상 밖 어디까지 갔을까.

술은 그간에 겪었던 지난한 삶을 들어내는 촉매제가 되었다. 노동한 대가도 받지 못하고 차가운 역사로 내몰리자 노숙자도 생판 딴 세계의 사람이 아니더라고 했다. 굵게 파인 주름을 꿈틀대며 말하는 그의 목소리는 젖어 있었고 눈자위에는 오랫동안 노을이 머물렀다.

생의 대부분을 절집에서 지내셨던 부친의 공덕이었을까. 십 년 넘게 유배되었던 생의 막장 속으로 어느 날, 와락 날빛이 쏟아졌다. 가정이 어이없이 해체되었다는 소식을 동창회에서 건너 들은 성공한 친구는 삶의 강진에도 아니 흔들리는 그의 일자리와 불룩한 바오바브 나무 몸통 같은 살 집을 마련하여 산타처럼 찾아왔다. 전국으로 뿔뿔이 흩어져 있던 식구들이 두레상에 머리를 맞대 꿇이저며 든 눈물 밥을 먹고 보금자리를 튼 첫날, 꿈인 줄 알고 눈 뜨기가 싫더라고 했다.

늦었지만 그간 격려해 주고 믿어 준 지인들에게 다시는 실망시키지 않겠다는 약속의 자리에 우리 부부를 초대했다. 어려웠던 그에게 힘이 되지 못한 무력감에 귀청에서 이명이 잉잉댔다.

살아갈수록 왕소금같이 짠 사람살이인데도 연말이면 미담에 눈길이 머문다. 어린 손이 돼지저금통을 동째로 기부하고 막노동을 하면서도 기부의 행렬에 동참하는 아리따운 모습에서 희망을 보고 감격도 한다. 나누면 산술적으로는 솎아 낸 자리가 텅 빌 것 같지만 그 어떤 식으로든 다른 곳에서 채워지고 마음이 뿌듯해서 자꾸 나눈단다. 이런 기부 중독이 바이러스처럼 번진다면 이 세상에도 우담바라가 필 것인데. 그저 나의 집 곳간 채우기에 급급한 내가 상대적으로 몹시 초라한 밤이었다. 내 청소년기의 꿈은 자선 사업가였는데 삶도 나도 서로를 속여 온 셈이다.

일생의 가장 혹한기에 엄청난 구원의 손길을 뻗친 그의 친구는 진정한 산타였고 그 또한 오래 기억될 우리의 크리스마스 선물이었다. 희소식으로 데워진 온기로 올해 엄동은 그 여느 해보다 훈훈하겠다.

(2016. 겨울)

그해 겨울

네 시간 정도 설운 속을 난 비행기는 우리 가족을 서태평양의 섬나라 괌에 내려놨다. 문고리를 당기면 증기를 뿜어내는 사우나실인 듯 섬 전체가 후끈하여 입고 온 불룩한 패딩 속으로 땀이 줄줄 타고 내렸다.

남편의 칠순 기념으로 삼 남매가 사박 오일의 해외 나들이를 수선했다. 그러나 이 년여 입원해 계시는 친정아버지께 일어날 만약의 일을 염두에 두니 망설일 수밖에 없었다. 아이들은 퍼즐 맞추듯

겨우겨우 짜 맞춘 휴가라며 외할아버지께서 입원만 안 하셨으면 등 떠밀어 권하였을 거라고. 저희들 키우시느라 애쓰신 부모님께 뜻 깊은 가족여행을 선물하고 싶다며 우겨서 마지못해 끌려 나선 여행길이다.

떠나기 전에 병원에서 눈 꼭 감고 말문을 닫으신 아버지를 뵙고 돌아서려니 발걸음이 천근이다. 막냇동생한테 "넌 의사니까 3박 4일 동안은 먼길 못 가시게 붙잡을 수 있지?" 당부했지만 불안했다.

여느 때같이 공항에 닿으면 절로 불쑥 솟던 어깻죽지, 미지의 세계를 향해 콩닥거리던 가슴하며 땅에 닿지 않던 날렵한 걸음마저 그저 누름돌이 될 뿐이다. 마음이 갈가리 찢기고 아팠다.

괌은 서태평양 마리아나제도의 중심지이며 미국령 섬으로 찬란한 문화유적은 없었지만 도시인들의 심신을 편하게 휴休할 수 있는 청정 지역이었다. 기약된 부와 가정을 다 던지고 용틀임하는 예술혼을 좇아 늦은 나이에 화가가 된 고갱. 타히티에서 원주민들과 생활하며 불후의 명작을 남긴 임을 떠올릴 수 있다는 것만으로도 나를 찌르는 일상의 가시랭이 한 겹은 벗겨지는 듯했다.

하늘빛을 허락하여 투명한 토파즈 빛이 된 태평양이 겉피에 은빛 물비늘을 붙이고 누운 자태가 자못 관능적이다. 상대를 온전히 받아들이려면 자신의 존재는 철저히 내려놓아야 한다. 이런 순정한 몸을 만들기까지 바다는 출렁이고 눈물과 땀을 무한정 흘리며 처절하게 스스로를 닦았을 게다. 티 하나 없는 맑은 유혹에 첨벙첨벙 자맥질을 하며 삶의 각질을 씻고 헹구기를 여러 번, 레테의 바닷물이라도 되었을까 한결 가볍고 개운했다.

여행이란 온몸을 압박하는 생활의 깁스를 훌훌 풀고 자유로운 바람을 몸과 마음에 불어넣는 일이다. 단순한 바람이 아니고 사유하고 성찰하는 바람이 되는 일이다. 전생의 아름답던 어디쯤에 와 있는 것 같은 여행지의 몽환적 풍경에 스스럼없이 일체가 되어 선인들의 발자취에 감탄사로 꼬리를 잇다 보면 내 안 긍정의 수은주가 저만큼 올라가 있다. 예각이었던 사고도 평각이나 둔각이 되고 소진되었던 기氣도 그득해진다. 마음 관을 막았던 욕심의 찌꺼기가 쑤욱 배출되어 순환이 제대로 된다.

꿈같은 바람의 마법을 풀고 제자리로 돌아오면 '내' 라는 접두사가 붙는 언어들, 나라, 집, 가족, 이웃이 더없이 소중하고 가슴을 압박하던 일들의 실마리가 풀리고 긍정적이 된다. 훗날 그때의 추억은 빽빽한 일상에 뿌려지는 윤활유가 되고 막힌 마음 혈관을 넓히는 응급 스텐트가 된다. 나에게 여행은 그리운 사람과의 해후처럼 가슴 설레는 일이다.

열심히 살아온 남편과 나에게 주어진 이 정도의 위안은 이기심이 아니고 보상이겠지. 자문자답을 하며 아버지 걱정에서 자유롭기 위해 갖은 핑계로 합리화를 했다. 괌을 둘러싼 대양이 양수이거니 생각해 잠을 청했지만 당신의 모습이 떠올라 뒤척이다 두어 시간 눈을 붙였다.

아침 일찍 아이들은 스쿠버다이빙을 가고 남편과 나는 눈에 넣어도 안 아픈 첫손자를 보며 호텔에 머물렀다. 멀리 사느라 자주 보지 못하는 아기와 알록달록한 동화마을에 한참이고 놀다 보니 시간 가는 줄 몰랐다.

예정보다 훨씬 빨리 벨소리가 났다. 웃으며 문을 열어주는 나와는 달리 아이들의 표정은 굳어 있었다. 엄마 전화가 불통이어서인지 저들에게 외할아버지께서 운명하셨다는 외삼촌의 문자가 왔단다. 쨍한 하늘에 갑자기 내리는 괌의 스콜 같은 아버지의 사망 소식에 가슴이 옥죄이고 허리가 휘청했다.

한참 후 내 손을 잡은 며느리의 따뜻한 온기에 정신이 들었다. 후다닥 궤도 수정을 하여 몇 배의 위약금을 물고 우리는 그렇게 되돌아왔지만 당신은 다시는 돌아오지 못할 머나먼 하늘 강을 건너셨다.

얼마나 가슴이 아파야 나는 철이 드는가 바람만이 안다.

(2016. 겨울)

색을 입다

여성지를 보다가 졸고 있는데 "고객님, 저쪽 샤워실로 옮기실까요. 누우실까요. 샴푸하시겠습니다." 쓱싹쓱싹 하얗게 거품 일어서는 소리. "이리 앉으실까요." 거북한 존댓말을 따르며 푹신한 의자에 몸을 맡긴다.

한 달여 만에 짬 내어 번거로운 염색 행사를 또 치른다. 모판의 모를 쪄내 옮겨 심듯 부모님으로부터 나에게 전해진 새치머리의 유전자가 원망스럽다. 십 년을 훌쩍 넘게 세월과 두더지게임을 하듯 머리카락을 염색하며 공을 들였고 앞으로도 그리해야 할 과제, 나의 염색 시간이다.

캡을 쓰고 물들기를 기다리니 머리와 함께 살아 온 지난 세월이 스친다. 요즘처럼 자주 샴푸를 할 수도 없었던 아린 시절을 묵묵히 견뎌온 그들이다. 생긴 머릿니를 퇴치하느라 무차별적으로 디디티의 공세를 받기도 하고, 이십 대에는 친구들의 두 배가 넘는 머리숱이 거추장스러워 오히려 솎아 냈던 힘센 검은 말총머리.

영화 〈러브 스토리〉와 〈로미오와 줄리엣〉의 주인공들이 단 앞가르마가 예뻐 어울리고 안 어울리고를 떠나 무조건 좇아 캠퍼스를 누비며 찰랑대던 긴 머리였다.

그들은 중년의 아줌마가 된 어느 날부터인가 갑자기 가늘어지고 푸석해지더니 아예 억새꽃처럼 은빛으로 반들거렸다. 박정한 시간은 신체의 어느 부위보다 유독 머리부터 재빨리 나이테를 새겼다. 안타까운 마음에 싫다는 막내를 달래 하나 둘 새치를 뽑았는데 어느 날, 검은 것들을 뽑는 게 더 빠르겠다며 엄마가 가련해서 알바를 사양하겠다는 게 아닌가. 웃음 끝에 눈물이 났다. 떠나니 뼈에 사무치게 아쉬웠다. 나이 들면 자기네처럼 색色을 조금씩 바래며 살다가 공空이 되는 게 섭리니 미련 가지지 말라며 냉정하게 말하는 듯하다. 인생의 푸른 날이 소리 없이 가버린 허탈감이라니! "눈 뜨니 백발이 삼천 척"이라고 노쇠를 풍자하던 이태백도 허허한 나의 마음 같았을까. 갖가지 생각이 밀물처럼 달려왔다.

머리카락은 인체 컴퓨터인 소중한 두뇌를 보호하고 감싸는가 하면 미학적인 면에서도 변신의 귀재다. 여인들의 기품이 엿보이는 가채나 어여머리, 으스스한 분위기를 자아내는 쑥대머리, 파르라니 깎은 스님의 머리에는 탈속의 결연한 의지가 깃들고, 가발로 달러를 벌어들여 배고픈 우리나라의 효자가 되어 근대 역사를 쓰고 전설도 만들었다. 안동에서 발굴된 원이 엄마가 삼은 머리카락 미투리와 애틋한 연서가 사백여 년을 넘어와 일회용 반창고 같은 이 시대의 사랑에 죽비가 된다. 이우는 국운으로 삼배구고두례*를 치르는 기막힌 순간, 그들은 회복할 수 없는 자존감과 분노로 올올이 날을 세웠을 테다.

머리카락만큼 뭉치면 살고 헤어지면 죽는다는 진리를 말하는 실체도 없다. 함께 있어야 비로소 힘을 갖춰 비너스도 빚고 젊음과 개성도 머문다. 제 위치에서 이탈하여 혼자일 때, 음식 속에서는 불결한 존재로, 땅바닥에 뒹굴 때는 성가신 한낱 허접쓰레기일 뿐이다. 홀로보다는 더불어 무리를 이룰 때 비로소 어엿한 힘을 내는 그들은 사람들의 결속성을 웃돈다.

그럼에도 불구하고 생의 순간순간이 선택의 연속이듯 염색도 할까 그냥 그대로 노화와 정면으로 맞서볼까 매번 갈등한다. 염색 알레르기로 인한 후유증도 성가시고 몇 시간이고 알을 품은 어미닭처럼 비닐 모자를 쓰고 시간을 축내며 기다려야 하는 일의 번거로움도 예삿일이 아니어서 귀찮기만 하다.

결국은 노쇠가 별 환영을 받지 못하는 사회적 분위기와 젊어지고 싶은 욕구에 백기를 들고 만다. 승산 없는 유전을 탓하기보다 생각의 전환이 쉽고 빠를 것 같다고 마음을 바꾼다. 여자와 집은 가꾸기 나름이라고도 하고 피할 수 없으면 즐기라고도 했던가. 수수한 내 삶과 모습에 더하여 화사하게 꾸미고 꿈꾸며 살라는 머리의 권유는 아닐까 생각하니 마음이 편하다. 곱고 싶은 여성의 본능에다 세월을 거스르는 묘법을 꾀하여 바람칼을 다는 일이라 생각하니 기분이 수직 상승한다.

인생이란 공평하게 주어진 순백의 종이 위에 화려하거나 수수하게 혹은 곱게 자신의 그릇만큼 생을 물들이며 살아가는 일이다. 내 남은 생을 어떻게 살까. 분명한 것은 색을 칠하는 도중에 아쉽게 붓을 놓아야 되는 일이다. 산다는 일은 리필이나 되감기를 할 수 없으니 내게 남은 시간이 그 얼마일지 모르지만 고아하고 담담한 색으로 잘 갈무리를 해야 할 텐데 나를 신뢰해 본다.

찬찬히 커다란 거울을 보니 얼마간 정도는 아낀 시간을 되찾아온 것 같아 안도하며 미장원의 문을 나선다. 시린 오월의 햇살이 화르르 마음에 불을 지핀다.

*삼배구고두례(三拜九叩頭禮): 병자호란 때 삼전도에서 인조가 청 태종 앞에서 군신관계를 허락하며 절하고 머리를 조아린 치욕.

(2016. 봄)

북극곰의 흐느낌

와! 벌거숭이들의 함성이 매서운 추위를 쪼갠다. 모래톱에서 준비 운동을 하여 충전한 열기를 그대로 품고 짜디짠 바다로 우르르 뛰어드는 사람 북극곰의 기세는 해운대 앞바다는 물론이고 오륙도, 더 나아가 대마도까지 단숨에 헤엄쳐 갈 양이다.

동아리 친구들과 짝을 지어서 근육을 꿈틀대며 참가한 젊은이들, 우리들에게 금수저, 흙수저니 같은 말장난에 휩쓸리고 좌절하기에는 청춘은 눈부시고 짧고 아름답다. 알몸으로 바다와 대면하듯 세상과 정면 승부를 하자며 기개를 번뜩인다. 칠순을 넘긴 인생의 노병들은 서슬이 시퍼렇다. 우리는 가난했던 이 나라를 반석 위에 올린 세대다. 나이는 숫자의 놀음일 뿐이다. 격의 없이 조손간에 참석하여 가족애를 다지기도 하고 지구 반대편에서 경기에 참석하기 위해 날아온 눈이 파란, 혹은 검은 털북숭이 외국인들 등등 세계의 인간 북극곰들이 영하의 기온도 아랑곳 하지 않고 자신을 뛰어넘는 기백으로 자연과 세상에 도전장을 내밀고 풍덩- 바다에 입수했다.

젖은 모래를 밟으며 해변에서 뜨거운 응원을 하는 관중 역시도 마음은 영하의 바다로 들어가서 헤엄을 친다. 이 열기 그대로 살리면 불가능은 없을 것이다. 허우적대지 말고 이 암울한 시대를 뛰고 달려 극복해야 한다. 허연 이빨을 실룩이며 몰려오는 시퍼런 바다를 두려워하지 않고 몸을 담근 사람들. 세계 10대 이색 행사인 해운대 북극곰 수영축제 30년의 생생한 현장이다.

다른 한편에서는 지구 온난화로 죽어가는 북극곰들이 편안하게 잘 살아갈 수 있도록 기부하는 기부 행렬, '아이스 버킷 챌린지' 행사도 여러 사람이 참가하여 더 대회를 빛내 준다. 가만히 있어도 이가 마주치는 추운 날씨인데도 불구하고 우리와 함께 생존하자는 염원에서 얼음물을 뒤집어쓰는 사람들이 멋져 보여서 찬사를 보낸다.

얼마 전, TV에서 〈북극곰의 눈물〉이란 프로를 봤다. 칩거할 집도 동굴도 없이 눈이 펄펄 내리는 하얀 눈밭에서 코와 눈이 까만 큰 덩치의 곰들이 태어나 살아가고 죽어가는 모습의 생생한 다큐 방영이 오래 가슴에 남아 지워지지 않는다.

북극곰은 발바닥이 얼음이나 눈밭을 잘 갈 수 있게 털로 싸여있다. 수영뿐만 아니라 둔한 몸과는 달리 달리는 속도가 시속 40여 킬로 이상 되는 지구의 최상위 포식자로서 사람도 해하는 섭나는 동물이다.

캐나다 북서부의 허드슨만의 처칠은 북극곰들이 북극으로 이동하는 길목이다. 그곳에서 그들은 얼음 밑으로 헤엄치던 물범이 숨을 쉬기 위해 얼음 밖으로 얼굴을 내미는 찰나 재빠르게 포획하여 삽아먹고 약간의 비억이나 해초를 먹고 산다. 얼음이 자꾸 녹으니 물범이 얼음을 뚫고 숨을 쉬지 않으니 곰들은 연명해갈 방법이 없다. 이렇게 지구가 더워지는 기현상은 그들에게는 치명적이기 때문이다.

삼십여 년 만에 무려 24퍼센트나 얼음이 녹고 이런 속도로 나가면 2050년에는 곰들은 아예 멸종된단다. 여러 달 동안이나 굶은 북극곰들은 먹이가 없어 민가에 왔다가 총에 맞아 새하얀 털에 시뻘건 피를 낭자하게 흘리며 죽은 모습에 충격을 받았다. 그렇게 기아나 병에 걸려 개체수가 해마다 조금씩 줄어든다. 마음이 아팠다. 정확한 원인 규명은 없지만 현대인들의 무분별한 석유 시추와 대기 오염으로 인한 기후 변화와 파괴적인 어업 활동 같은 게 원인이라고들 짐작만 한다.

지구는 사람들만의 것은 아닌 생명 있는 모든 식물과 동물들이 평등하게 공유하는 공동소유인 것이다. 인간이 그들보다 조금의 지각이 더 있다고 천지가 우리의 것인 양 순전히 사람에게만 유리하게 이용하고 지배하는 이기심은 결국 부메랑이 되어 돌아온다. 우선의 편리성과 효용 가치만 좇고 자연의 신음 소리와 죽음을 외면하다보면 지구는 불모지가 되고 모두 파멸하게 될 것이다.

언젠가 내가 다니는 사찰의 스님께서 방생이란 꼭 물고기를 사서 되살려주는 형식적이고 구태의연한 행사만은 아니라고 말씀하셨다. 설거지를 주방용 세제 대체용품인 밀가루나 뜨물을 쓰고 비닐 사용을 덜하고 농약을 자제하며 생활 속에서 작지만 진정한 방생을 행하는 보살이 되라고 하셨다. 모두가 일상에서 조금이라도 실천을 하면 거무튀튀하게 죽어가는 지구의 혈색을 발그스름하게 되돌릴지도 모른다. 그렇게만 된다면 북극곰도 멸종하지 않고 우리와 오래 평화롭게 공존하게 될 것이다.

검푸른 바다를 가르며 헤엄치는 사람들이 북극곰의 기를 받았는지 날쌔게 햇살을 조각내고 물방울을 튕기며 점점 멀어진다. 모래사장에 조각한 모래 조각물이 바람에 쓸리고 북극곰을 살리려고 이어지는 아이스 버킷 챌린지 줄 사이로 바다의 윤슬이 반짝인다.

(2015. 겨울)

여름, 대나무와 함께라면

아– 기분 좋다. 바보 대통령이 임기를 마치고 귀향하여 외친 일성처럼 나도 팔을 번쩍 들어올려 소리쳤다. 땀을 흘리며 잠을 설치던 여느 밤과는 다르게 푹 꿀잠을 자고 나니 새로 맞는 아침에 힘이 솟는다.

지난여름, 손끝 야문 지인으로부터 선물 받은 꼼꼼하게 바느질한 인견 잠옷이 열대야에다 불면증이 있는 나한테 얼마나 생광스럽던지. 때 맞춰 마련한 대나무 돗자리와 더불어 한여름 밤을 수월하게 넘기는 한 세트가 되었다.

잠자리에 들기 위해 돗자리에 누우니 스며든 푸른 달빛 자락이 모시 이불 위에 켜켜이 쌓인다. 모깃불은 상큼한 풋내로 하늘 높이 소지를 올리고 반딧불이를 쫓아다니다가 대평상 위에 스르르 잠이 들곤 했던 여름밤들. 기억 저 너머의 풍경을 소환한 것도 쉬 잠에 든 이유겠다.

단독 주택인 우리 집은 외출했다 들어오면 사우나실의 문을 연 것처럼 후끈한 열기로 얼른 얼굴을 돌려야 한다. 급하게 에어컨을 틀어 보지만 금방 목이 컥컥하고 머리가 띵하다. 날씨가 이러니 옥상에 놓아둔 독 속의 간장은 죄다 졸여져 걸쭉한 진액으로, 마늘장아찌는 구운 마늘 수준이다.

이런 더위에 며칠이라도 기분 전환을 해보려고 담양의 대나무밭 죽녹원에 갔다. 가는 동안에 차가 홍해의 기적처럼 초록을 가르며 달리지 않았더라면 아마 되돌아왔을지도 모른다. 헉헉대며 대밭에 닿으니 가슴에 쏴— 하고 댓바람이 불어 몸과 마음이 바람 샤워를 한다. 모든 초목들이 갈증으로 고개를 푹 꺾었는데 대나무들은 칼칼하게 모여 제 모습을 흩트리지 않고 더위와 맞서 이름값을 한다.

독특한 대나무 향을 맡으며 숲속에 나있는 손금 같은 '사색의 길', '추억의 샛길'과 '사랑이 변치 않는 길'로 들어섰다. 쌓인 매연과 일상의 시름을 날숨으로 뱉어내고 청량한 대나무 체취를 들숨으로 삼켰다. 번잡한 세상은 모두 사라지고 나는 대나무를 수초 삼아 아가미를 여닫으며 헤엄치는 한 마리의 물고기가 된다. 짙은 초록이 내 몸을 통과한다.

울창한 대나무가 채쳐 내린 어룽어룽한 햇살을 밟으며 한참을 걸으니 볼수록 대나무의 늘씬한 태깔이 멋지고 삶은 걸맞다. 여느 나무들처럼 속을 채우지 않고 온전히 비워 두니 온 우주의 음향이 들어와 살고 있다. 대나무가 제 속으로 들어온 소리를 음률로 재생산해 세상 밖으로 내보내면 그 아름다움에 하늘이 놀라고 산천은 흔들리고 사람은 오장 육부 굽이굽이 맺힌 한을 녹인다. 사람도 훌륭한 악기라 하는데 나의 그릇으로 얼마를 버리고 던져야 얻어지는 세계일까. 나도 대나무 따라 내 남은 생을 덜어내고 비워서 참 소리를 품고 살다가 하늘에 닿고 싶은 쉽지 않은 꿈을 감히 꾸어도 되는 걸까.

이런 대나무가 자신을 낮춰 물리적으로 휘어지고 갈기갈기 나눠져 생활용품이 되는가 하면 생사의 갈림길에서는 무기로 될 수밖에 없는 운명의 이중성도 지니고 있다. 빛과 어둠은 어디서나 공존하는 법. 최고의 명약이 때로는 최악의 독약이 되는 것과 같은 원리다. 긍정과 부정이 공존할 때는 긍정 쪽으로 부등호를 놓는 것도 심사가 편하고 세상을 잘사는 방법이다. 긍정의 힘이다.

대숲에서 보낸 한나절이 아쉬워 서성이다가 이제는 인연 줄을 놓아야 할 안방의 낡은 돗자리가 생각나 촘촘하게 엮여진 대 돗자리를 사서 담양을 떠나왔다. 죽녹원 대숲 한 자락을 뚝 떼어 들고 온 듯 마음이 푸근했다.

옮겨온 돗자리도 생대나무 성깔만큼이나 올곧아 고스란히 바람을 뿜어낸다. 하기야 그런 결기가 없으면 눈밭에서나 한더위에도 자신을 오롯이 지키며 설 수 있었을까. 쓰다듬다 그 위에 누우니 뜨겁던 체온이 서늘하게 가라앉으며 갑갑함이 가신다. 머잖아 더위가 한풀 꺾여 선선해지면 인조 삼옷은 곱게 손질하여 장롱에 개켜 넣고, 돗자리는 먼지를 닦아 베란다 귀퉁이에 나무인 듯 세워두려 한다. 그 앞에서 대숲 냄새 은은한 죽로차를 마시면 댓잎의 가느다란 떨림이 찻물을 흔들겠다.

(2020. 여름 《수필문학》)

도미요 아재

사람의 체취가 다르듯 집집마다 그 집만의 독특한 향기가 있다. 라일락이나 장미 향이 나는 신혼집, 된장 냄새나 시큼한 김치 냄새가 나는 살림꾼의 집, 번쩍이는 졸부의 지폐 냄새가 나는 집과 은은한 매화향이 나는 기품 있는 집도 있을 것이다. 그 집의 내음은 거주하는 사람 고유의 향이나 취향과도 별 차이가 없는 것 같다.

우리 집에는 해묵은 시간의 냄새와 희미하게나마 산 냄새가 날 것이다. 거실에 짙은 갈색의 개 밥통과 둥근 다리미, 떡살과 평양

반닫이와 빨랫방망이와 됫박 같은 옛것들이 널브러져 있어서이다. 그 중에서도 고향에서 가져온 옛날 우리 집 일을 도와주었던 도미요 아재의 대나무 도시락은 볼 때마다 어릴 적 뒷산에서 내려다본 멀고 가까운 산의 능선이 출렁거려 가슴을 툭 트이게 하고 싱그럽게 한다.

대나무 도시락은 짜임새가 그리 촘촘할 수가 없다. 나무의 빳빳한 기질을 낱낱이 쪼개 휘고 깎고 갈고 얇게 다듬어서 물을 부어도 새지 않을 만치 결이 고와 볼 때마나 만든 이의 손재주에 감탄하곤 한다. 그 밥통에 어머니가 수북이 밥을 담아주면 아재는 지게를 지고 하늘과 맞닿은 뒷산에 올라가 무겁게 풀이나 나무를 베어 오곤 했다. 철 따라 진달래나 돌복숭아, 산딸기, 으름을 지겟다리에 달고 와 우리의 손에 확실하게 계절을 전해줬다.

이렇게 밤이 긴 동짓달, 새참으로 고구마 소쿠리를 들고 사랑채 아재의 방에 가면 새끼를 꼬며 부르는 노랫소리가 격자문을 넘어왔다. “오동추야 달이 밝아~”, “비둘기가 울던 그 밤에 눈보라가 치던 그 밤에~” 등의 트로트를 들어 어린 내가 유행가를 또래에 비해 많이 알고 흥얼거리게 된 연유는 아재 사부의 덕분이었다. 딱딱한 짚으로 새끼를 꼬자면 손바닥이 화끈거리고 힘이 들 텐데 그렇게 신나게 혹은 구성지게 노래까지 부르던 아재의 낙천적인 성격은 어디서 나온 것일까.

도무지 '화'라는 단어 자체를 모르는 듯 슴슴한 동치미 맛 같은 순박한 아재는 영악한 사람들에게는 놀림감이 되곤 했다. 농악놀이를 할라치면 팔과 어깨도 아플 터인데, 진종일 천하대장군의 무거운 깃발을 들고 앞장서서 지신을 밟았다. 동네의 달집을 태우기 위해 청솔가지를 베어 오는 일도 윷놀이, 씨름대회, 노래자랑 준비 등 궂은일은 항상 아재 차지여도 늘 씨익 웃기만 했던 선량한 사람. 겉과 안이 꼭 닮은 무 속 같은 사람이었다. 칭찬을 하면 더 잘하는 아이 같은 천성도 그분의 장점이면서도 단점이었다. 어쩌면 아재는 중국의 기업가 마윈이 극찬한 영화 〈포레스트 검프〉 같은 사람은 아니었을까. 조실부모 않고 좋은 환경에서 살았다면 사뭇 다른 이가 되었을지도 모른다.

사람이 그렇게 순하다 보니 모든 이들이 아예 아재는 모자라는 사람으로 오해하게 되었다. 진과 위는 언제나 뒤섞여 있어서 그걸 적확하게 투시하고 찾아내는 것은 사람의 몫인데도 말이다. 아마도 산에서는 나무의 순연한 마음이, 들에서는 밭이랑의 어진 기가 그분의 안으로 들어가 마음을 만들고 몸을 만들어 더 심덕이 좋고 일을 잘했던 것 같다.

아재는 언제나 아이들 편이었다. 입이 궁금한 우리들에게 큰 가마솥에 쇠죽을 끓이고 나면 불고무래로 고래 끝에까지 손을 뻗쳐 숯을 아궁이 앞에 끌어내어 주면 우리 남매들은 올망졸망 앉아 알밤과 고구마를 구워 먹었다. 비 오는 날은 우리들에게 도롱이를 입어 젖은 등을 스스럼없이 내밀어 주던 분. 등짝은 축축했지만 편안한 너럭바위 같았다. 아재가 삼베잠방이를 입고 귀목나무 아래서 돌베개를 베고 낮잠을 잘라치면 강아지풀로 발을 간질이거나 코에 불침도 놓고 청개구리를 목덜미에 잡아넣어도 어진 아재는 화를 내지 않았다.

그런 하늘나라 사람 같은 분을 어느 날 순경 아저씨가 입영 통지를 들고 와서 빰을 때리고는 끌고 갔다. 나는 무섭고 놀라서 아재가 사라진 울타리 밖으로 목을 빼고 셰퍼드 밧트를 안고 한참을 울었다. 커서 돈을 벌면 아재에게 대청마루 밑에 아껴두고 신었던 고무신보다 더 멋진 운동화와 큼직한 양은 도시락을 선물하고 싶었는데. 아재는 그렇게 애잔한 아쉬움을 남기고 우리랑 헤어지고 말았다.

오래전, 들리는 소문에 의하면 아재의 착한 마음이 하늘에 닿았던지 그간 죽자고 일을 한 새경으로 참한 기와집을 짓고 논을 사고 우리 아버지께서 짝지어 준 아지매와 결혼해서 잘산다는 소식을 들었다. 기쁘기 짝이 없었다. 자식들까지 반듯하게 키워 대기업에 다닌다니 하늘도 무심치 않았다 싶다.

할아버지께서 살아계신다면 아마도 아재의 등을 두드리며 "고맙네. 선한 끝은 있는 법이라네." 하실 것 같다. 아재는 쑥스러워하며 "다 호동 어른 덕분아입니꺼." 참새 둥지 같은 더벅머리를 깊게 숙였을 것만 같다. 아재의 땀내 같은 그리움의 냄새가 코끝에 감돈다.

(2019. 겨울)

넌 누구니?

오늘도 네가 눈에 밟히면 손전화를 뒤져 내 마음을 달랜다. 손가락 지문 끝에서 피어나는 너의 작은 몸짓은 처음, 첫이라는 접두사의 모음집이기도 하고 웃음집도 되는구나. 첫 울음, 첫돌, 처음으로 일어서기, 첫걸음, 첫 이유식… 등이 쟁여진 동영상은 그 어떤 형용사나 부사가 변형을 거듭해도 너의 아리따운 모습을 제대로 전달할 수는 없을 게야.

수십여 년 전, 내가 네 아빠를 키울 적에 할머니는 엄마가 되는 일이 버겁고 책임이 따르는 일이라 아가를 키우는 재미보다는 잘 키워야 한다는 의무감이 앞섰단다. 수없이 다가온 크고 작은 인생의 파도를 넘고 나서야 비로소 보이는 너의 성장 과정 하나하나는 신기해서 사람살이의 만화경을 보는 것 같았어. 네가 작은 몸으로 알록달록한 알갱이처럼 고운 행위를 하면 그만 세상의 시름을 모두 놓고 손자 바보가 되는구나.

핏덩어리가 배냇저고리를 입고 허공으로 수많은 손짓 발짓을 하고 뒤집더니 기다가 앉고 일어서고 셀 수 없이 넘어지면서도 기어코 걸음을 걷지 않나. 옹알이에서 말을 할 때까지 변화는 사람의 힘으로는 불가능한, 신성이 감지되기도 했단다. 좀 힘들다고 절망하고 해보지도 않고 포기했던 겁 많은 할머니가 너의 대견한 행위를 보며 살아온 길을 되돌아보니 부끄럽기만 하다.

어린 네가 작은 몸짓으로 할머니, 사람이 사는 데는 도리가 있다죠? 하며 '도리도리'를 하고, 손바닥에 손가락을 찍어 '곤지곤지'를 하며 삶의 터전이 되는 땅의 소중함과 고마움은 알아야 합니까? '죔죔'을 하며 뭐든 움켜쥐면 놓기도 해야 함을, '짝짝'은 한 손은 따로지만 마주치면 격려가 되고 칭찬이 됩니까? 가르치는 대로 따라하며 나에게 말 걸기를 하는 너의 행위 하나하나에는 사람이 살아야할 엄중한 이치가 들어 있네. 너는 그야말로 나의 선지식이구나.

순백의 너에게는 시작은 미약하지만 나중은 창대하리라는 잠언도 들어 있고, 너의 새근거리는 숨결을 들으면 마음속의 어둠이나 분노, 미움이 사라지고 편안해지는구나. 사랑이나 자비가 힘들고 어려운 일이 아닌, 너를 보듯 이웃을 보고 너를 아끼듯 세상을 아끼는 일이라는 것을.

사실 할머니는 매력 없게도 연애를 못했다. 어렸을 때부터 〈키다리아저씨〉를 비롯해 〈바람과 함께 사라지다〉의 레트와 영화 〈카사블랑카〉의 릭을 비롯해 책이나 영화 속의 멋진 이성의 진액만 뽑아내어 만든 나만의 남성상에 맞추다 보니 이 세상 아무도 마음 둘 이가 없었지. 아니 내가 부족하니 보상 심리로 더 허상을 만들어 나를 가두었어.

너를 보니까 아무런 조건 없는 사랑이 진실한 사랑이고 내가 행복해지는 일이라는 것을 인생의 끝머리에서 알아가는구나.

나이 든다는 것은 인생을 농익혀 가는 과정이라고 자위도 해보지만 빈둥지증후군이 되어 초조하고 마음은 왜 그리 쓸쓸한지. 무엇보다 아쉬운 것은 꿈이 스러지고 가슴 뛰는 삶을 살 날보다 옛날을 추억하며 살아야 하는 일이 많다는 사실이야. 아무런 한 일 없이 알게 모르게 많은 이들에게 빚만 지며 한 세상을 산 것 같아. 그런 나한테 네가 성장하는 모습 하나하나는 내 가슴에 명지바람을 불게 했지 뭐니. 너는 도대체 어느 꽃나라 혹은 별나라에서 온 작은 사람이니? 하루에 삼백 번 이상을 웃는 너한테 웃음 바이러스가 옮았는지 나의 일상이 절로 반올림이 되어버렸다.

아가야, 할머니는 “바담 풍” 해도 너는 “바람 풍” 하였으면 하는 바람이기도, 덕담이기도 한 나만의 기도가 있단다.

건강하고 착하게 자라 산 같은 사람이 되었으면 싶다. 진종일 날아다니다 지친 새들을 보듬고 삶이 힘겨운 사람들에게 위안을 주고 희망을 갖게 하는 산. 봄이면 향기로운 꽃을 피우듯 향훈을 뿌리는 사람이 되고 여름이면 무성한 가지를 뻗듯 꿈을 키우고 가을이면 찬란한 빛으로 성숙해지는 산. 겨울처럼 온몸으로 성찰하는 산. 이런 품이 넉넉한 남자가 되었으면 싶다. 들어줄 거지?

네가 자아내는 마법 앞에 즐거운 포로가 되어 너의 이름을 가만히 불러 본다. 나의 첫손자로 와줘서 많이 고마워. 사랑해.

2015. 5. 5. 어린이날 할머니가.

동치미

오목한 백자 보시기에 반찬을 담아낸다. 정적이 쌓이는 깊은 산속, 산새가 목을 축이는 옹달샘 물 한 그릇이 정갈하게 식딕에 올려져 있는 것 같다. 식혜인 듯 맑은 국물 위에 얼음 조각 사각대는 김칫국물과 아삭한 무를 먹으니 뼛속까지 시원하다. 정신이 맑아지고 막혔던 가슴이 확 뚫리는 것 같다. 이 깊고 그윽한 맛을 못 잊어 힘들기도 하지만 내 입맛에 맞는 김치를 직접 담가 먹으며 엄동 고개를 넘는다. 동치미에 대한 기억 저편, 정겹게 윤색된 풍경이 다가

와 내 마음을 따뜻하게 한다.

유년의 겨울, 해는 짧고 밤은 유난히 길었다. 조무래기들이 안방 화로 앞에 둘러앉아 고구마와 밤, 가래떡을 구워 먹었다. 덥석 먹다가 목이 막혀 딸꾹질을 하면 할머니는 동치미를 한 대접을 썰어 내오셨다. 노랗고 달달한 고구마와 쫄깃하고 고소한 떡과 밤은 선득한 동치미와는 환상적인 궁합이었다.

심심한 우리에게 "옛날, 아주 옛날에~." 당신은 무성 영화의 변사처럼 리듬감 있게 이야기를 풀어내셨다. 밖은 소리 없이 눈이 내리고 뒷산은 검은 괴물처럼 버티고 서서 매서운 산바람과 컹컹 여우 울음소리를 굴러 보냈다. 동생과 나는 무서워서 할머니의 품속에 파고 들어가 이야기 속에 스르르 잠에 들곤 했다.

우리 집이 아버지 직장 따라 수도로 분가를 해서 살게된 여고 시절이었다. 중간고사가 끝나 여유가 생긴 어느 겨울 밤, 이불을 이글루처럼 만들어 《그리고 아무 말도 하지 않았다》, 《제인에어》, 《빙점》 등을 닥치는 대로 읽으며 책의 이랑 속으로 거닐다가 눈을 붙였다.

먼 곳에서 나를 부르는 희미한 소리가 들려왔다. 무겁게 내려앉은 눈꺼풀을 들어 올리니 찬 물수건을 이마에 올려놓고 온 가족이

둘러앉아 걱정스레 내려다보고 있었다. 머리가 쪼개질 듯 아팠다. 방구들의 갈라진 틈새로 새어나온 연탄가스에 중독되어 의식을 잃었나 보다.

어머니께서 내민 동치미 국물을 한 대접 마신 후 엄청난 토악질을 하고 정신을 가다듬어 병원에 갔다. 동치미는 김치가 아닌 약이 되어 부챗살처럼 온몸으로 퍼져 이승과 저승의 경계에 서성이는 나를 세상 속으로 끌어온 생명수였다. 그때가 잠재의식에 있어서 인지 요즘도 어시러운 삶의 기류에 허청해지면 동치미 한 공기를 마시고 싶다.

동치미는 자극성이 없고 밋밋하지만 그윽하고 은근한 맛이 일품이다. 쩍쩍 금간 가슴에 쉬 스며들지만 자칫 개성미가 없는 맛이 곧 그의 맛이다. 그런데도 동치미를 먹다 보면 중독성이 있어 자꾸 먹게 된다. 그 맛이 강한 맛을 능가할 수 있는 동치미만의 참된 맛이다. 사람을 맛에 비해 보면 안다. 늘 떠올리기만 해도 먹먹해지는 어머니의 사랑을 미각으로 표현하면 동치미 맛은 아닐까. 달거나 시거나 맵지 않고 밋밋하지만 시원始原의 감칠맛과 영혼을 울리는 맛 같은 것처럼.

동치미는 화음의 맛이다. 농부가 성심으로 키운 무와 실파, 생

강, 마늘과 짠 바다가 키운 청각이 알맞게 물을 삼키고 햇볕과 바람과 공기를 욕심내지 않고 적당량을 마셔 유산균으로 발효하여 진미를 생성하였을 게다. 무만 부재료를 제치고 물을 많이 취하였으면 지나치게 알싸할 테고, 마늘이나 생강이나 파가 다 차지하려고 애썼다면 강한 양념 냄새가 역겨웠을 테다. 동치미는 치우치지 않는 균형의 맛, 양보의 맛, 비움의 맛이다. 그 무심하고도 심심한 맛이 좋아 내 인생의 맛도 동치미 맛을 닮았으면 좋겠다 싶었다.

내 딴은 기복이 심한 사업가보다 안정적인 봉급자의 평탄한 삶을 선택하느라고 했다. 결혼 한 얼마 후, 양쪽 부모님들의 사업이 내리막길을 걷게 되었다. 속수무책이었다. 그동안 온실 속에만 살아왔던 나의 부신 날들은 사금파리가 되어 산산조각이 났다. 한 집안의 장남과 또 다른 집의 장녀의 조합은 사랑의 불시착이었을까. 생의 너덜겅을 통과하려니 무능과 참담함으로 오는 내일을 떠밀고 싶었다. 평평한 길을 걷는 것도 쉽게 허락되지 않는 사람살이에 좌절감이 해일처럼 일었다. 그즈음의 삶은 바람만 불어도 아픈 내 인생의 대상포진이었다.

사람 사는 길도 동치미가 익혀내는 맛처럼 순순하고 적당량 외에는 놓으면 좋을 텐데 야망이 주체가 되면 제어하기가 어렵나 보다. 수십 년 전 일인데도 '양가의 어른들께서 무리한 공장의 확장만 안 했더라면 도산하여 온 가족이 그리 힘든 시간 속을 허우적대지 않았을 텐데….' 하고 늘 아쉬움이 남는다.

한참 시간 여행을 하고 보시기를 들여다보니 동치미가 하얀 몸으로 동동 떠있다. 자기의 절묘한 맛의 비법은 비워 공이 되면 비로소 닿는 세계라고 말한다. 동치미에 연거푸 숟가락이 간다.

(2020. 겨울)

내 곁에 푸름

시립미술관에서 〈근 현대화가 100선〉을 보았다. 일제 강점기와 한국전쟁 같은 격동기를 힘들게 통과해 온 작품들이 신성하기까지 했다. 교과서나 복사본으로 자주 보아온 그림을 실제로 보니 화가를 대한 듯 뿌듯하고 그분들의 열정에 경외감이 일었다. 떨어지지 않는 발길을 돌리다가 허전한 마음을 달래려고 그림카드 몇 장을 샀다.

장욱진의 〈가로수〉를 벽에 붙여놓고 오가며 본다. 푸른 가로수가 바람에 흔들리고 그 아래 단란한 부부와 아이가, 소와 개가 가족 수를 더하여 뒤따라 나무 밑을 걸어가고 있다. 가로수는 머리 위에 기와집이며 초가집과 오두막집들을 관인 양 쓰고 있고 하늘에는 붉은 해가 떠있다. 동화 한 편 같은 해학적인 그림이 꼭 어릴 때 내 모습을 탁본한 것 같다.

눈을 감으면 훤히 보이는 곳, 밀양시에서 부북면 연극촌을 지나 아꼭재라는 재를 넘어 모세의 기적인 듯 길을 낸 도로를 구불구불 30여 분을 달리다 오르막을 10여 분 오른다. 운행 중에 차 한 대만 만나도 구슬땀이 쥐어지는 산발치 외딴 곳에 뜨끈한 내 영혼의 아랫목, 경사 50도는 족히 될 법한 가풀막진 곳에 자리 잡은 송이버섯 같은 집 한 채가 나의 옛집이다.

나는 그곳에서 십 리쯤 떨어진 곳으로 초등학교를 다녔다. 신작로 양편에 있는 미루나무 백여 그루를 아침마다 친구들이랑 세며 뛰어가다 보면 학교에 닿았다. 가로수로 인해 우리들은 덧셈과 뺄셈이 자연스레 터득이 되고 뛸 때마다 떨걱이는 철 필통 소리에 장단을 맞추는 등 현장 학습이 절로 되었다.

어릴 때부터 나는 역마살의 덫에서 헤어나지 못했다. 도회에서 공부하는 삼촌들이 버스를 타고 사라진 미루나무 줄지어선 신작로 따라 미지를 그리며 꿈을 꾸었다. 머잖아 도시로 전학을 가고 햇살 잘게 부서지는 호숫가의 하얀 집 2층 방에서 벽난로를 쬐고 책을 읽으려는 꿈을 미루나무 위에 그림 〈가로수〉처럼 올려놓고 살았다.

오랜 바람이 현실이 되어 조부모님에게서 분가하는 부모님을 따라 붉은 노을이 들어와 누운 한강을 오가며 학창시절을 보내게 되었다. 그리던 도시 생활도 잠시였고 슬슬 과거가 그리움의 오랏줄이 되었다. 방학이 되면 학원보다는 시골 행으로 방향을 틀었다. 반년 만에 본 가로수는 밸리댄서의 옷에 찰랑대는 장식처럼 햇살에 반들거리며 와 와 – 함성을 지르기도 하고 잎을 다 떨군 나신으로 하늘을 쓸어 놓고 나를 반기기도 했다. 한 달이 별똥별처럼 달아나고 귀대하는 병사의 군화 끈인 듯 조여 매고 떨어지지 않는 발걸음으로 고향을 떠나왔다. 조부모님이 소실점으로 사라진 창으로 미루나무가 넌출거리며 두 줄로 다가오고 물러났다. 차가 달리기보다는 가로수가 차바퀴를 부지런히 돌리며 나를 다독였다.

어른이 되고도 가로수는 늘 내 소소한 일상의 풍경이 되었다. 은행나무 우거진 길 가까이 우리 집이 있었다. 언젠가 여름, 어지간한 공해에도 끄떡없던 그들이 연이은 가뭄에는 당할 재간이 없었던

지 축 늘어지고 헉헉거렸다. 비명을 질러도 돌아보지 않는 사람들의 인심 앞에서도 서운타 않고 맥없이 서있는 모습에 마음이 애잔했다. 진 빚의 조금이라도 갚고 싶어 신문사에 자기 가게 앞에 있는 가로수만이라도 물을 주어 나무를 살리는 운동이라도 벌이면 어떨까 하고 오지랖 넓은 전화까지 냈다.

가로수를 옆구리에 끼며 살게 된 어느 날, 평온한 수면 위로 느닷없이 거대한 괴물이 거센 풍랑을 일으켰다. 전혀 예고 없이 나타난 IMF 앞에서 나는 어쩔 수 없이 줄타기 곡예를 해야 했다. 떨어지지 않으려고 안간힘을 쓰느라 가슴이 터질 듯 아팠지만 아무도 대신할 수 없는 나의 길, 가로수 길을 오가며 삶의 의지를 다졌다. 아니 구원병으로 나무를 불러들였다.

더불어 내 안에 수필이란 이름의 가로수 한 그루 심어 인생의 위기를 함께 넘었다. 위안이 되었고 힘이 되었다. 파인 상처도 생각보다 빨리 딱지가 앉고 새살이 돋았다. 다 그의 싱그러운 힘을 빌린 듯싶다. 아직 짝사랑하는 수준이어서 제풀에 지치고, 아웃사이더 혹은 반풍수 상태지만 그렇다고 그게 전부는 아니다. 반풍수도 집을 흥하게 할 수 있는 세상이 왔고, 될성부른 나무가 떠난 선산을 허리 굽고 못생긴 나무가 지키는 저력도 있는 법이다.

현실에서는 주산 알을 잘 튕기지 못하는 숙맥인데다 분산 투자를 할 여력도 없이 우물쭈물 낭비만 한 젊음이었으나, 내 말년의 지갑 속 칸칸에는 가로수 이파리가 영혼의 푸른 연금으로 들어 있어 두둑하다.

(2014. 여름)

3부

소확행의 삶

푸르스름한 달빛이 음산하고 섬뜩하다. 실연의 충격으로 죽어 처녀 유령이 된 농촌 처녀 지젤의 묘지 앞에 뒤늦게 참회하며 서성이는 배신자 귀족 알브레히트. 그에게 안개는 부옇게 몸을 푼다. 그녀를 대신해 복수하려는 성난 귀신 윌리들에게서 옛 연인을 구해내고 다시 이승과 저승으로 헤어지는 두 사람에게 아픈 바람이 일렁인다.

줄거리는 애절한 고전 발레지만 몰입도는 컸다. 깜깜한 무대 위에서 순백의 윌리들이 일사불란하게 춤을 주는 장면은 사람이 아닌 학들의 군무같이 우아하고 요정인 듯 신비하였다. 형체나 흔적을 남기거나 지우고 다시 쓸 수도 없는 무심한 허공에 온몸을 던져 춤을 추고 관중에게서 감동을 자아내는 그들에게 경이의 인증 샷을 날린다.

내린 봄비에 꽃들이 다투듯 웃음을 쏟아내는 바람에 온 시가지가 환한 봄날이다. 벚꽃 터널을 뚫고 영화의 전당에서 국립발레단이 공연하는 〈지젤〉을 지인들과 함께 관람했다. 잘록한 허리에 착복한 레오타드와 꽃잎 같은 하얀 튀튀를 입고 그림씨와 움직씨를 구사하며 춤을 추는 고아한 발레리나와 근육질의 발레리노들. 눈송이나 꽃잎인 듯 가볍게 착지하고 발끝으로 뛰고 공중으로 활강하며 감정을 표현하는 무희들의 춤과 선율이며 마임이 여과 없이 그대로 내 안으로 들어와 몰아일체가 되었다.

순간 식탁에 올려야 할 반찬 접시들과 다림질해야 할 구겨진 옷과 시름들, 월말이면 정산해야 할 고지서와 세상을 향해 세웠던 빳빳한 깃 하며 안 풀리는 삶의 미적분도 모두 잊었다. 꽃비로 샤워하고 중력이 없는 샤갈의 고운 색채의 나라에 잠입한 것일까 우리는. 세상도 인생도 모두 꽃이었다.

한참이고 고삐 풀린 정신을 수습하여 극장 밖에 나오니 사방에 향훈이 은은하고 검은 하늘의 열사흘 달빛이 세상에 내려앉았다. 알게 모르게 끼얹어진 일상의 땟국을 벗기고 나니 몸과 마음이 산뜻했다.

무용수들이 많은 찬사를 관객들에게서 끌어내기까지 토슈즈를 신고 10개의 발가락들로 몸을 곧추세우고 셀 수 없는 연습과 흘린 땀으로 발이 부르트고 못이 박혀 기형으로까지 변했을 터. 아킬레스건은 긴장하여 퍼런 날을 세웠을 테다. 치열하게 연습한 그들의 발에 생긴 주름과 상처 하나하나는 눈물과 땀의 안쓰러운 자국이다.

'잠은 죽으면 실컷 잘 수 있다. 내가 경쟁할 대상은 어제의 나다.'라는 강수진 단장의 강단 있는 연마로 굵직한 경력의 주연도 두드러졌지만 주연에 못지않은 조연 윌리들의 춤에 마음을 빼앗겨 연거푸 커튼콜을 했다.

모두들 추락할 여지가 도사리고 있어 항상 무언의 압박을 받음에도 개의치 않고 고독한 자리인 솔리스트를 선망한다. 조연은 자기 위치에서 묵묵히 열정을 쏟으며 제몫의 역을 해내다 어느 날 문득 주연이 될 가능성의 자리다. 만약 그 자리에 닿지 못한다 해도 열과 성을 다한 무대에 후회는 없을 것이다.

발레 〈지젤〉의 무대를 세상으로 확장해 본다면 나도 윌리나 마을 사람쯤이겠다. 내 젊었을 적에는 대책 없는 꿈이 커 배경이 되는 삶으로 주저앉기가 쉬 허락되지 않았다. 시대가 직조한 여인의 생, 아내, 엄마, 딸, 며느리, 아줌마로 다양한 이름이 펄럭였지만 본래의 나는 세상 어디에고 없는 상황이 숨막히고 서글펐다.

시간과 함께 파란의 세월을 넘어 라르고로 살아가는 요즘은 모든 게 한가롭다. 성장통 같은 지난날의 앓이는 지나치게 높고 멀리 눈길을 둔 탓이었다. 넘어져서 입 1층에 피가 난다는 아이의 기발한 표현과 시린 하늘 자락에 기저귀를 널면서 햇살 파닥이는 잠깐을 왜 지나쳤는지. 뒤늦게나마 현실과의 때늦은 진한 포옹이거나 신 포도현상이라도 좋다. 분명한 건 비로소 내가 나를 있는 그대로, 긍정으로 본다는 것이다.

따스한 사람들과 촘촘히 정의 씨줄과 날줄을 짜며 사는 지금은 지나온 생이 나에게 주는 비나리 같다. 만약 박수를 받는 인생으로 살았으면 나를 제어할 수 없어 오만해지고 잡은 게 사라질까 노심초사하며 더 많은 괴로움 속에 살았을지도 모른다. 향기 짙고 크고 예쁜 꽃보다 풋풋한 산과 들에 피는 작은 들꽃 같은, 시쳇말로 소,

확, 행의 삶, 배경이 되는 삶이 나에게는 맞춤옷이어서 솔기가 어긋남이 없다.

(2018. 봄)

어떤 가을날

거대한 한 마리의 잉어인 듯 비늘을 번쩍이며 누운 한강에 서녘 하늘은 조금씩 붉은 자락을 담그며 하루를 거두고 있었다. 은성한 역사를 안고 천년을 흐르는 강은 예나 지금이나 그 자체가 장엄한 한 편의 서사시다. 학창시절, 책가방을 들고 오가는 차창으로 머언 그리움을 달랬고 꿈을 다졌던 강, 내 눈에도 노을이 들어찼다.

푸른 힘줄만 일어 선 갈퀴 같은 손을 무릎에 가지런히 모은 어머니는 창밖으로 눈을 꽂고 나는 구겨진 바바리 자락을 실없이 만지

작거렸다. 눈이라도 마주치면 서로 민망할까 고개를 못 돌리는 모녀 사이로 침묵은 강이 되어 흐른다.

몇 달 만에 상경하여 한남동 요양병원에 계신 아버지를 뵙고 오는 길이다. 코로 넣는 미음으로 하루하루 연명하시는 모습이 안타까워서 가슴이 내려앉는다. 뼈만 앙상하게 남아 엑스레이 사진을 방불케 했고 피부 곳곳에 검보라색 피멍이 돋아나 남편과 나를 알아보시는 게 다행이어서 반갑기도 했고 슬프기도 했다.

당신의 성정처럼 단칼에 병마를 물리치지 못하고 세월에 맥없이 무너지는 이 상황이 납득이 안 간다. 옳다 생각하시면 마음에 갑옷을 입고 부러질망정 휘지 않는 올곧은 성품 앞에서 자식들은 항상 떨리고 겁났다.

아버지 손을 딱 두 번 잡아보았던 기억이 아프다. 아폴로 눈병으로 병원에 보시고 갔을 때와 신부 입장할 때였다. 혼인날이 정해지자 당신의 손을 잡고 예식장에 입장할 그 어색한 분위기를 상상만 해도 현기증이 나서 영화 〈졸업〉처럼 연인이 있다면 달아나고 싶었다.

눈발이 휘날리는 겨울, 한사코 예전부터 다니던 단골 이발소를 가시다 그대로 넘어져 병원 생활하신 지 꼬박 2년이 되신 아버지.

우리가 머무는 잠시나마 팔과 다리에 동여맨 끈을 풀고 주물러드리니 스르르 긴 잠에 빠질 뿐. 아무리 부르고 흔들어도 반응이 없다. 이러다 아주 눈을 못 뜨신다면…. 갑자기 마음이 급해 귀에 대고 가만히 속삭였다. "아버지, 많이 죄송해요."라고. 지방에 살다 보니 마음에서도 멀어진 것 같아 울먹한다. 온갖 회한을 추스르고 바라보는 남산에 단풍이 한창이다. 지금처럼 그해 내장산의 산색도 유별스레 고왔다.

유신으로 계엄령이 내린 그 즈음, 대학의 교문은 휴교령으로 굳게 입을 다물수밖에 없었다. 그 체제에 행동하는 지성들에게는 도피 같아서 미안했지만 국토사랑의 한 부분이라고 무력한 합리화를 하며 과 친구들과 내장산의 단풍을 맞기로 뜻을 모았다. 떠나고 싶어서 몇 번이고 어머니의 치마 꼬리를 당겨도 묵묵부답이셨다. 이미 친구들과 약속이 되기도 했지만 나무들이 연출하는 빛의 축제에 불참하면 나의 가을은 그대로 건너뛸 것 같은 철없는 조급함이 만용을 내게 했다. 어둑새벽, 한달음에 용산역으로 줄행랑을 쳐서 호남선 삼등열차 바닥에 신문지를 깔고 앉으니 비로소 휴- 숨비소리가 났다.

기차는 허연 입김을 뱉어내고 철컥이며 여명 속에서 정읍으로 향했다. 기계음과 박자를 맞춰 열 시간 가량 흔들리며 목적지에 도착하니, 가을이 들어올려 드높아진 하늘 아래 산은 안개 면사포를 드리운 채 서서히 몸매를 드러냈다. 입이 쩌억 벌어졌다. 유려한 능선을 배경으로 온몸을 불살라 장렬하게 한 해를 마무리하는 숲의 모습은 마치 민초들이 술렁이며 치켜든 동학의 횃불 같았다. 비장미가 흘렀다. 나도 천연의 빛을 뿜어내는 한 그루의 나무이고 싶었다.

간간이 온 집안이 발칵 뒤집혔으리라는 생각에 처음에는 가슴이 죄여 오더니 차츰 단풍에 취해 나의 푸른 자유가 나무 따라 아우성치며 횃불을 치켜들었다. 동시에 간이 철퍼덕 몸 밖으로 나와 대담해졌다. 청춘은 아름답고 즐겁고 소중했다. 나흘 간의 일탈을 맘껏 누리고 어여쁜 단풍잎을 빼곡히 모자이크해서 화려하고 위풍당당한 귀가를 했다.

3박 4일의 몰래 간 단풍놀이의 결과는 기혹했다. 지붕이 날아갈 듯 쩌렁쩌렁한 아버지의 음성으로 야단을 맞고 긴 반성문 제출, 금족령, 통화와 용돈 금지의 제재를 받자 나로 인해 온 집안에는 얼음장이 깔렸다. 친구들이 사죄 차 왔지만 대문 밖에서 서성대다 쪽지만 던지고 돌아갈 수밖에 없었던 11월이었다.

그렇게 집안을 들쑤셨던 청춘의 반란은 단풍의 계절에는 불현

듯 나를 깨운다. 나는 아버지와 달리 살고 싶었는데 어느 날 우리 아이들이 부모님과 도무지 의사소통이 안 된다며 볼멘소리까지 냈다. 속으로 뜨끔했다. 어떻게 하면 쉰 세대에서 신세대의 사고로 전환하여 시쳇말로 쿨한 부모가 될까 나의 절실한 요즘 숙제다.

당신께서도 다정다감하신 아버지이고 싶으셨을 텐데 타향에서 뿌리 깊은 나무로 서야 한다는 강박증에서 자유롭지 못하셨을 테다. 삶이란 세찬 바람 부는 산악지대를 봇카*가 되어 걷다 보니 감정이 화석처럼 굳어져 자정을 표현하는 데 몹시 서툴렀을 것이다. 그 사실을 한참이고 세월이 흘러 당신의 나이가 되어서야 비로소 알아차린 나의 우둔함이 밉다. 《논어》의 갈피를 가감없이 우리 집에 그대로 펼치신 아버지. 딸은 굳게 믿었지만 험난한 세상은 끝내 믿지 못하셨다. 보호보다는 간섭으로 여긴 철없던 젊은 날이 단풍철만 되면 떠올라 가슴이 허허롭다.

아버지, 자리 털고 일어나셔서 저랑 손잡고 저기 남산으로 단풍놀이 가십시다!

* 봇카: 일본의 산악 지대를 짐을 지고 나르는 사람.

(2014. 가을)

소

오십여 일간 하늘이 구멍이 났는지 내리 물 폭탄이 퍼붓는다. 강과 하천이 범람하고 산사태가 나서 집이 내려앉고 사람이 죽고 수마가 살림을 싹쓸이하였다. 축사까지 무너져 갈 곳 없는 소들은 물에 쓸려 실종되기도 하고, 작은 섬으로 혹은 지붕 위로 올라가 있는 뉴스를 보니 기가 막힌다. 이 난리 중에 소 열 마리가 저들끼리 한 시간 가량 빗속을 걸어 원효, 의상, 도선, 진각 네 분의 고승이 수도하였던 오산의 꼭대기에 있는 고찰 사성암*으로 올라갔다. 물난리를 피해 스님의 독경 소리에 지친 삶을 잠시 놓으려 발걸음 옮겼을까. 혼돈의 세상에 미욱한 중생들이 자신들을 계기로 깨달음에 이르라는 무언의 가르침일까. 희한한 일을 보며 언젠가 본 소의 그림을 많이 그렸던 이중섭 전람회가 떠오른다.

굵은 붓으로 거칠게 터치한 〈황소〉가 단숨에 눈에 들어찼다. 코뚜레를 당해 야성이 억제된 슬픈 운명이지만 두 뿔에서는 감히 넘볼 수 없는 우람한 기상을 읽을 수가 있었다. 소의 등뼈는 백두대간과 포개지면서 웅지가 꿈틀었다. 우직한 성질에서 이 나라 백의민족의 근성이 큰 눈망울에서는 자유와 주권을 짓밟힌 그 시대 선인들의 슬픈 초상화를 보는 듯해 피가 거꾸로 솟았다. 소는 매를 맞아가며 세상 끝날 때까지 꾸역꾸역 일 만하다가 죽어서는 가죽과 살, 뼈, 어느 것 하나 남기지 않고 사람들에게 보시한다. 임은 그런 보살의 삶을 사는 소를 화폭에 옮기면서 어둠의 시대를 살아냈다.

겨우 해방이 되었지만 곧이어 일어난 6 · 25전쟁으로 부산과 제주도에서 피난살이가 시작되면서부터 가난은 불편의 정도를 넘어 인생 전반에 흠결을 내었다. 스스로의 무능에 절망하기도 했다. 그분은 크고 화려한 걸 바라지 않았다. 굶지 않을 만치의 양식과 그림 그릴 물감과 붓만 있으면 행복할 자상한 남편이고 아버지였다. 그

작은 바람마저 무자비하게 앗아간 이 땅의 역사가 참으로 야속하다.

결국 가족들이 굶주림에 영양실조까지 걸리자 해후할 것을 굳게 약속하면서 전쟁이 없는 일본 처갓집에 아내 남덕(마사꼬)과 아이들을 보냈다. 〈길 떠나는 가족〉에서 소달구지를 타고 비둘기와 장난을 치는 가족의 풍경은 포근하고 평화롭게 보였다. 어쩔 수 없는 선택이었지만 암울한 결핍을 헤어나기를 바라는 마음이 강하게 느껴졌다.

안타깝게도 생존과 예술은 늘 대립한다. 섬광처럼 오는 영감을 온전히 받아들이려면 온 영혼을 던져 몰입해야 비로소 닿는 세계이어서 현실이 들어갈 틈이 없다. 그런 사실은 예인에게는 수인이 되게 하는 형벌일 수도 있다. 고흐는 동생 테오의 도움으로 화폭을 채우다 정신 착란으로 가련하게 죽어갔나. 살아생전 오직 한 점의 그림만 팔렸을 뿐 모두에게 외면당한 그분의 그림이 현대에 와서는 불후의 명작으로 진가를 발하고 있다. 고갱은 주어진 안락도 거부하고 타히티 원주민과 원시의 생활로 돌아가 그림을 그리다 풍토병으로 죽었고 폐결핵으로 요절한 이상, 소월도 세상은 얼굴을 돌렸다. 임이 그렇게 힘겨운 생에서도 작업을 계속한 것은 〈심우도〉*

처럼 경지를 뛰어넘으려는 몸부림인지도 모른다. 그들에게 주어진 체벌 같은 생에 연민이 솟구친다.

임은 전란 중에 서울 미도파 화랑에서 전시회를 가져 전쟁으로 피폐했던 사람들에게 아름다운 꿈을 품게 했다. 그러나 몰지각한 이들이 담배 곽의 은색 속지에다 독특한 화법으로 그린 은지화가 춘화라며 철거까지 당하는 수모를 겪었다. 엄청난 충격을 받고 좌절감에 거식증이 생기고 심한 자학에 아내에게서 온 편지도 개봉하지 않은 채 스스로 침묵 속으로 함몰되어 갔다.

임은 열린 창으로 눈, 코, 입이 생략된 얼굴 〈돌아오지 않는 강〉을 생의 마지막 그림으로 그렸다. 기다림에 지쳐 세상과 단절한 자신의 마음을 그대로 그린 것 같았다. 결국 조현병과 기아로 행려병자가 되어 친구들의 발길도 멎은 마흔의 가을 초입에 가족과 사람과 자연을 몹시도 사랑한 천재 화가는 미혹과 생사고해의 차안에서 피안으로 가고 말았다.

늦게나마 이렇게 우리 곁에 온 국민 화가의 처절했던 한 생애를 다정다감한 편지와 더불어 아늑한 분위기에서 교감할 수 있어 다행이다. 소박한 임은 당신의 작품과 영혼을 그리워하는 이 긴 행렬을 보고 머쓱해서 웃으며 머리를 긁적이지는 않을까.

전시장을 돌아보니 그림은 힘든 당신의 일생과는 달리 희망이 깃들어 있고 따뜻하고 편안했다. 나도 모르게 일상의 무게감으로 웅크렸던 허리뼈가 우두둑 펴졌다.

*사성암: 전남 구례군 문척면 죽마리의 오산 꼭대기에 있는 암자.
*심우도: 불교의 선종에서 인간 본성을 찾는 과정을 소를 찾는 것에 비유한 그림.

(2020. 여름)

쑥이 말했다

동장군이 그냥 쫓기듯 물러나기에는 자존감이 무너지고 아쉬웠을까, 하늘과 땅을 마구잡이로 흔들더니 북쪽 지방에는 눈발까지 뿌리고 있다. 벚꽃도 추위가 가신 줄 알고 볼록하게 가슴을 내밀었다가 얼른 옷섶을 여민다. 이런 꽃샘추위를 뚫고 소곳소곳 솜털 애잎을 내민 생명, 봄의 전령사 쑥이다.

다른 계절은 알 듯 모르듯 문득 우리 곁에 와 있기도 하지만 봄은 긴 겨울을 빨리 벗어나고 싶어 사람은 사람대로 식물은 식물대로 기다리며 맞는 계절이다. 기다림이란 사랑의 에두른 표현이기도 한 우리의 마음을 헤아린 듯 봄은 햇살 머무는 곳에 일찌감치 쑥을 내보냈다.

쑥은 하늘이 내린 구황 식물이었다. 나 어릴 때만 해도 쌀이나 보리 한 줌 넣고 끓인 멀건 쑥죽으로 끼니를 채우는 사람들이 동네에 태반이었다. 쑥에다 쌀가루를 넣어 만든 쑥털털이와 된장에 들깨를 풀어 끓인 쑥국은 그 향과 맛으로 우리에게 봄을 심었다. 그들로 인해 엄동을 나느라 수척해진 몸과 마음에 희망의 움을 틔우는 흔하지만 소중한 신비의 풀이었다.

산과 들에 초록이 짙어지면 모기들의 극성 또한 절정이었다. 외양간의 소는 지그시 눈 감은 채 되새김질하며 시간을 씹고 마당에는 쑥과 달개비, 억새풀등 여러 잡풀들로 피운 모깃불 냄새가 온 집 안에 그득했다. 연기가 닿은 하늘의 은히는 쉼 없이 흘렀다. 그 상큼한 쑥 내음이 잊힐 수 없는 참혹한 고통으로도 왔으니.

농사에 대한 사전 준비와 상식도 없이 구입했던 시골의 대추밭이 화근이었다. 돌봐주던 친척이 유명을 달리하자 조롱조롱 가지가 휘어지도록 열리던 대추 알맹이는 자취를 감추고 금방 개망초 밭으로 개명을 했다. 속이 상해서 무성한 그들을 힘껏 뽑다가 뚝 허리를 다쳤다. 우리 몸의 대들보인 척추의 위용은 굉장했다. 누워서 몇 달을 견디다 수술해도 실패한 지인의 조언을 들어 쑥뜸을 하기로 했다.

생살이 타는 냄새가 진동했다. 전등불이 보이지 않아야 비로소 출산하는 산고도 이 보다 더할까. 감히 인두로 온몸을 지진 사육신을 떠올렸다. 의술이 미숙했던 일제 강점기에 허벅지살을 회를 뜨듯 도려내어 동생의 화상 부위에 이식했던 큰외조부의 기막힌 우애도 머리를 스쳤다. 지옥을 오가며 두 주간을 하루도 거름 없이 살을 태워 쑥의 약성을 몸속에 구겨 넣었다. 뜸은 나의 참을성의 한계점이 어디쯤인가 생체 실험대에 올린 것 같았다. 혀를 깨물며 내 인생 사전의 갈피에서 쑥국이나 쑥떡, 쑥 향을 도려내기로 작정했다.

그런 아린 필름을 애써 지우며 고향에 갔다. 이제는 혼자서 살아가실 수 없어 육십 년의 서울 생활을 접고 귀농한 큰아들네에 계시는 친정어머니를 뵙기 위해서이다. 혈관성 치매와 뇌경색으로 언어구사가 제대로 안 되는 당신과 마주 앉으면 답답하고 눈물이 쏟아질 것 같아 바람 멎은 볕 속으로 바구니를 들고 나갔다.

둘이서 차가운 지기에 움칠하는 손을 펴 가면서 지푸라기 덤불을 헤치고 볼우물처럼 흙을 파며 수년 만에 쑥을 캤다. 혹시 당신이 손가락을 벨까 눈을 떼지 않고 살피니 노구를 쉼표로 만들어 익숙한 손놀림을 해서 안심을 했다. 어머니에게 삶의 마침표까지의 거리는 얼마가 남았을까. 더도 말고 지금 이 상태대로 우리 곁에 건강하게 머무시다 꽃비 내리는 날, 생을 마감하시면 좋겠다. 이승의 끝 날만이라도 미인인 당신 모습처럼 예쁜 꽃잎 밟으며 향훈 속에 영원으로 가셨으면 싶다. 한 바구니를 채워 개울에서 쑥에 묻은 흙을 씻으니 시든 잎이 금세 팔팔 살아났다.

초등생 때, 당신은 위궤양에 걸려 오래 외가에서 요양을 하셨다. 어머니의 빈자리가 싫어 부처님, 하느님에게 닥치는 대로 완쾌를 기도했다. 수개월 지나 집으로 오신 후, 쑥이 당신에게 약이 된다 해서 밭이랑을 헤집으며 쑥을 찾아 수북하게 캐오면 미소로 받던 어머니. 반세기를 되돌아 아릿한 세월 속의 단발머리 계집애가 물거울에 어린다. 웃음이 돌았다.

쑥은 허리 통증을 감한 공도 몸서리치는 고통과 흉터라는 허물도 있었는데 고통에만 무게를 두고 보는 내 마음 렌즈가 문제다. 자연 편에서는 제 몸을 소신공양을 했는데 진심을 외면했으니, 닫혔던 마음의 빗장을 활짝 열고 내 안의 양지에 깔려있던 따뜻한 기억과 덥석 손을 잡았다. 쓰지만 온화한 성질이 몸 구석구석에 번지고 있었다.

구토가 났던 아픔을 지우고 수년 만에 상큼한 쑥을 국과 샐러드로 식탁에 올려 내 안으로 받아들였다. 잊었던 향이 가슴을 돌아 은은하게 다가왔다. 순순한 땅의 힘을 받아 나는 가만히 봄이 되고 있었다.

(2020. 봄)

오월 어느 날의 꿈

계절의 여왕이 화려한 드레스 자락을 끄는 소리가 들리는 눈부신 오월 어느 날이다. 회색 담장 너머 강은 물안개로 자옥하고 은빛 햇살은 물비늘이 되어서도 제 고유의 태깔을 지녀 도도하다.

최근 수필집을 출판했다. 흐릿한 초점으로 퇴고하고 교정하며 힘들었지만 내 생애 마지막 발간일 것 같아 나름대로 정성을 쏟았다. 늘 그래왔듯 책을 받은 문우들과 독자들의 진심 어린 충고를 기다리니 자못 가시방석이다.

찻물을 끓여온 남편이

"당신은 얼그레이지?"

"네. 당신은 또 라떼예요?"

녹차를 한 모금 마시니 내 안이 천천히 향내에 젖어든다. 딸이 영국 황실에 진상하는 얼그레이가 엄마의 취향일 것 같다며 출장길에 수시로 사다 준 차가 이젠 나를 중독시켰다. 오묘한 맛이 인생살이 같다는 생각을 해본다. 시고 쓰고 맵고 달고 밍밍했던 인생이란 바람의 맛을.

새파란 잔디 위에는 음전한 후박나무와 작년 가을 단정하게 전지를 한 향나무가 덧니 솟듯 새순을 올렸다. 목련이 등을 켜니 폭포수처럼 노란 개나리가 휘늘어지고 지금은 줄장미가 흐드러져 작은 꽃 대궐이 되었다. 숲속인 줄 착각한 다람쥐 두 마리가 후다닥 나무 위로 올라간다. 처녀 적에 살았던 동화 속의 집 같았던 우리 집처럼.

저희들 손으로 엄마가 그리던 꿈의 집을 마련하겠다며 이곳 양평 두물머리 근처에 지은 이 집은 마무리 내 삶을 갈무리할 작은 성이다. 설계할 때 친정아버지의 경영 실패로 떠나보냈던 정원이 엄청 넓었던 친정집이 다가섰다. 온통 유리벽인 이층 방에는 별빛이 파노라마로 펼쳐지고 테라스에는 등나무가 주렴처럼 드리웠던 향기 속 그 집을 축소하다시피 하여 지었다.

작은 마당을 거니는 자체가 한 편의 시며 수필 같아서 돌 하나, 잔디 한 평에도 애착이 간다. 꽃이 이울기 전에 아이들을 꼭 초대하고 싶었는데 스페인 건축박람회에 참가한 막내아들이 어제 귀국하여 어버이날과 출판 자축 겸 모이기로 했단다. 유학 간 손주들은 국제전화를 내는가 하면 축하 카드도 보내고 학교 도서관으로 간다며 반가워 어썰 줄 모른나.

벌써 2033년이네. 세상이 무서운 속도로 변했다. 나라도 아프게 성장통을 앓다가 마침내 잔악무도한 공산 정권을 내쫓고 태극기의 물결이 삼천리를 물들인 지 3년이 다되었다. 민심이 결국은 하늘의 마음이었다. 이데올로기와 가치관의 엄청난 차이를 슬기롭게 극복하고 작은 나라지만 우수한 두뇌로 최첨단 산업의 개발과 더불어 경제 대국을 이루기까지 우리 민족의 저력에 열강들은 혀를 내둘렀다. 북한의 많은 지하자원과 아름다운 자연도 나라의 보고가 되었다. 건축사인 막내는 통일된 조국에 자신이 집을 짓는다고 긍지가 대단하다.

열정적으로 일하더니 이제는 중책을 맡고 있는 듬직한 큰아들이 내미는 과일 바구니에서 싱싱한 파인애플, 포도, 망고 등의 향이 침샘을 자극한다. 그랬었지. 저들 어릴 적에 베토벤이나 슈베르트를 청해 놓고 과일 껍질을 벗기며 나의 인생행로를 과일만큼이나 달콤하고 향기롭고 맛깔나게 펼치리라 다짐을 했지.

띵 똥— 벨소리가 났다. 딸네 가족이다. 늦은 결혼으로 아이들과 방방 뛰면서도 가정과 사회생활을 완벽하게 해내는 딸. 그 애를 지원하는 눈빛 순하고 유능한 사위가 늘 고맙다. 내가 등 떠밀지 않았으면 딸의 관절 마디마디 시린 바람이 거푸집을 지어 살고 있을 게다.

불판에서 고기 굽는 냄새가 짙다. 이 책은 저희들이 표지화며 출판사 선택 및 출판의 제반 일거리를 의논해서 묶었다. 책을 만드느라 수고한 자식들과 참하고 감각 있는 며느리들 모두 장미만큼이나 붉은 와인 잔으로 축배를 들며 마음이 당기는 구절을 발췌해서 낭송을 한다. 그래. 내 바람은 졸작의 한 구절이라도 누군가의 가슴에 스며들어 위안이 되고 작은 울림이 될 수만 있다면 뭘 더 바라겠는가.

부스럭 작은아들이 조그만 상자를 풀어 내민다. 아, 풀빛 지환이다. 저 여섯 살 때 백화점 진열장에 빛나는 보석이 별똥별로 만든 것이냐고 물었다. 돌에서 캐낸 보석이라 했더니 크면 돈을 벌어 엄마에게 머리부터 발끝까지 매달아 줄 거야 했다. 어릴 적 그 말을 기억하는 가족 모두 자지러지게 웃었다.

"나는 이미 숨쉬는 사람 보석 여러 개를 지니면서 한평생 살아왔잖아. 더하여 글 사랑까지. 영혼 또한 얼마나 넉넉했는데, 또 무슨 보석이 필요하냐. 이 반지의 주인은 며느리네."

두런두런 웃음 섞인 이야기는 거침이 없는데 저문 강 자락에는 오롯이 하루가 내려앉는다.

(2017. 가을)

위로

집콕을 하고 있으려니 답답하고 숨이 막힌다. 코로나라는 가위에 눌려 긴 악몽이라도 꾸고 있는 것일까 꼼짝할 수가 없다. 저렇게 시린 하늘과 흐드러진 꽃들이 손사랫짓을 하는데 다들 세상 바다에 떠 있는 쓸쓸한 익명의 섬이 되어 버렸다. 책도 손에 잡히지 않고 집안 일이 내 마음처럼 어질러져 있는데도 그냥 몸을 움직이기가 싫고 힘이 죽 빠져서 무기력증에 걸려 버렸다.

무심코 TV를 켜니까 〈어느 60대 노부부 이야기〉가 흘러나온다. 〈미스터 트롯〉이란 경연대회에서 서른 살 지원자의 열창과 휘파람에 전율이 왔다. 잔잔한 멜로디에 호소력 있는 목소리와 청중을 압도하는 뛰어난 성량과 고음과 저음을 자유자재로 오가는 가창력에 혼을 빼앗겼다. 그의 몸을 통해 나온 노래는 기품 있는 가곡 인 듯해서 마지막 부분에서는 눈물이 그렁해지고 가슴이 싸했다. 그때부터 이 프로가 위안이 되어 방영을 하는 날에는 열일을 제쳐 놓고 텔레비전 앞으로 다가갔다. 결승전에서는 자정을 훨씬 넘어시 까지 시청을 하며 나의 지지자에게 응원을 보냈다.

트로트는 한 세기 전에 일본 가요 엔카로부터 전해졌다고도, 서양의 폭스트롯에서 들어와 우리에 맞게 변화를 거듭하며 오늘까지 흘러왔다고도 한다. 4분의 4 박자나 4분의 2박자를 기본으로 하는 정형화된 리듬에 강약의 박자를 가미히고 꺾기 창법으로 구사하는 대중가요다. 감정 전이가 빠르고 누구든 수월하게 접근할 수 있어 대중들에게 널리 사랑을 받아왔다. 한편으로는 약간은 절제되지 않은 원색적이고 애상적인 노랫말과 깊이가 없다 하여 뽕짝이라 비하하고 특히 젊은이들이나 지식층에게 홀대를 받아 온 것도 사실이다.

나 역시도 트로트는 관심 밖이었다. 음정, 박자가 어디로 튈지 모르는 음치라서 더 그런지도 모른다. 이번 경연을 보면서 나의 고정 관념이 조금씩 지워졌다. 예술이란 무엇인가. 어느 특정인들의 전유물이기보다는 남녀노소 모두가 즐길 수 있고 팍팍한 삶에 위로가 되는 구원의 정신이 바탕에 깔려 있으면 된다. 즐김으로써 사고가 입체적이 되고 삶이 윤택해지면 된다. 사람들에게 외면받는 예술은 본질에서 어긋나고 존재의 가치 상실이 아닐까.

우리 민족은 한의 민족이다. 주변의 열강에 짓눌려 살아남기 위해 늘 줄타기를 하며 살아가야 했다. 전쟁에 패하여 강대국에 조공도 바치고 한때는 강점을 당하며 살아온 비루한 상흔도 있다. 안으로는 깨지 못할 엄격한 신분 제도로 백성들은 늘 억눌려 살아야 했고 당쟁으로 스스로 무너져 내려 조용한 날이 없었다. 그런 환경 속에서 노래는 민초들의 애환을 보듬어 주고 나라 잃은 설움과 실향민들의 고달픈 생에 위안을 주어 위기에 더 단단해지기도 하였다. 그 유행가가 지금은 코로나로 절해고도가 된 울적한 우리에게 또 한번의 마음 치료사가 된다. 어디로든 막힌 숨을 트고 뛰쳐나가고 싶은 우리들을 도닥이고 불안을 수굿이 누르는 누름돌이 되고 있다.

노래의 저력은 상상 그 이상이다. 칭얼대다가도 엄마가 부르는 자장가에 금세 코를 박고 스르르 잠드는 아기들, 군가를 부르며 행진을 하면 무거운 군화가 절로 허벅지에 닿고 애국가에는 솟구치는 나라 사랑이, 교가를 부르면 자세가 절로 곧추세워진다. 나도 코로나로 벌집 쑤셔 놓은 것 같은 이 상황을 헤쳐 나갈 심산으로 트로트를 주문 삼아 흥얼거려 본다.

경연대회 자체도 진풍경이었다. 화려한 삼바춤과 태권도와 다채로운 퍼포먼스가 무대를 꽉 채워서 볼거리가 풍성했다. 선곡에 따라 설레고 즐거워 옴나위없이 그들이 던진 그물코에 낚이고 말았다. 심사위원들도 탈권위적이었다. 함께 들썩들썩 리듬을 타고 추임새를 넣다가도 예리한 충고와 따뜻한 격려를 아끼지 않아서 참가자들이 훌륭한 가수로 커가는 데 많은 도움이 되었을 테다.

노래를 끝내고 결과에 깔끔하게 승복하는 의연한 참가자들의 모습은 시청자들까지 흐뭇했다. 상대를 들어내야 내가 살아남는 떨리는 순간에도 서로 기뻐하고 다함께 노래하며 나아가는 여유로운 젊음들. 대상을 존중하면 결국 나도 동반 상승한다는 것을 알아가는 당당한 어깨너머 얼핏 넓은 들판이 보였다. 듬직한 산이 솟아 보였다.

결승전이 끝나고도 시청자들의 지속적인 관심을 끌어내는 방송사의 탁월한 기획도 돋보였다. 최우승자에게만 갈채를 쏟아 붓는 게 아니라 아쉽게 탈락한, 그러나 전도양양한 참가자들도 무대에 설 기회를 줘 더불어 노래하는 시도는 밋밋한 방영의 돋을새김 무늬였다. 남녀노소, 서울과 지방, 해외교민, 세대차를 넘어서까지 하나 되어 즐긴 축제였다.

오늘의 그들은 어느 날 갑자기 나타난 혜성이 아니었다. 모두들 심연에 잠재되어 있는 음률을 세상으로 쏟아내기 위해 피를 토하고 눈물을 삼킨 오랜 날들이 있었을 테다.

금수저들의 과외수업이나 스펙 위조나 편법의 결과로 거머쥔 행운이 아닌 스스로 노력한 우리 이웃의 소시민 자식들이었다. 홀어머니 아래에서도 구김살 없이 잘 자라나 웃음을 머금고 노래하던 청년, 어린 나이에 결손 가정의 슬픔을 어른스럽게 트로트로 승화한 해맑은 소년도 있었다. 어둠의 세계에 들여 놓은 발을 음악을 계기로 빼내고 성악과 트로트의 경계를 오가며 노래하는 테너 가수도 있었다. 다들 가난과 어려운 환경 속에서도 기죽지 않고 피어난 아름다운 꽃송이였다. 단순히 몸에서 내는 소리를 떠나 영혼의 깊은 우물에서 길러 올린 울림이 느껴져 더 진한 감동의 파문이 일었다.

그들이 부른 청아한 트로트는 메마른 우리의 마음을 달래주는 이 풍진 세상의 희망가였다. 목요일이 기다려진다.

(2020. 봄)

압화

갈피갈피 아린 바람이 분다. 세상의 삶에 짓눌려 서서히 말라가는 한 송이 꽃, 몇 년 전부터 책으로 영화로도 국내에서 엄청난 반향을 일으키고 국제적으로도 회자되고 있는 《82년생 김지영》이 뒤늦게 나에게 왔다. 책을 읽는 내내 벼랑 끝에서 겨우 버티고 있는 위태로운 삶이 속살 깊이 감지되어 몸에 돌기가 솟는다. 제대로 한 번 저항도 못하고 그저 상처 받고 묵묵히 살아내고 있는 오늘날의 수많은 김지영. 그녀들의 현주소 같아서 아프고 분노하게 된다. 빛의 속도로 달라지는 이 세상에 오직 여일한 것은 여성의 인권뿐이니 어처구니가 없다.

지리적으로 잦은 전쟁을 치를 수밖에 없는 우리나라였다. 생존을 위해서는 강력한 힘을 길러 적을 방어해야 했으므로 남자가 절대적으로 우위일 수밖에 없었고 거기다 보수적인 유교의 영향으로 남존여비 사상은 더욱 뿌리 깊게 내렸다.

《소학》의 '가언편'에서는 "부인은 정치에 불참해야 하고, 가정에서는 일을 주관하면 안 된다. 총명하여 재능이 있어도 남편을 보좌하고 남편의 부족함을 권면해야 하며 암탉이 울어 화를 부르는 일이 없어야 한다."며 남성에게 절대적인 권리를 부여하는 것을 정당화했다.

그렇게 여인들의 인권은 철저하게 부서져 갔다. 남편이 죽으면 따라죽고 인질로 끌려가 환향녀가 되자 몸이 더럽혀졌다 하여 자결하기도 하고 일본군들의 위안부가 되기도 한 그녀들의 수난사는 잔인하기 짝이 없다. 기득권에 더욱 철저하게 종속시키기 위해 칠거지악, 삼종지도로 여인들의 자존에 코르셋까지 입혔다.

화가 나는 것은 자신도 여자여서 부당한 대우를 받고 살았으면서도 그 부당함이 몸에 배여 또 다른 가해자가 된다는 사실이다. 내리 두 딸을 낳은 지영 씨의 어머니도 태어날 딸이 할머니의 냉대와 아버지에게 푸대접을 받을 게 두려워 스스로 새 생명을 없애는 살인적 행위를 했다.

남성 중심으로 돌아가는 사회의 고정 관념도 문제였다. 성추행을 당하면 엄연한 가해자가 있는데도 조신하지 못해서 발생한 일이라고 피해자인 여성을 더 범죄시 했다. 사귀다 헤어지면 남자는 마초의 무용담이 되고 여자는 씹다 버린 껌이 되는 이 불공정한 사회에서 여성이 설 자리는 없었다. 사회생활에서도 남녀를 불문코 유능했지만 임신과 출산으로 배제되어야 하질 않나. 회식 자리에서 남자 상사 옆에 앉혀 분위기를 띄우는 관행도 철저히 남성우월주의에다 여성 인권 유린이었다. 말만 평등이지 실제는 겹겹의 벽이 가로막힌 부조리 속에서 지영 씨의 자의식은 바다에 떨어지는 작은 빗방울에 불과했다.

시대적 소용돌이는 막을 수 없었다. 분노한 세계의 여성들이 수치심을 물리치고 스스로뿐만 아니고 여성 전체를 보전하기 위한 미투 운동이 들불처럼 번졌다. 속속 드러난 남자들의 이중인격에 배신감이 생겼다. 그들은 저명인사이기도 했고 힘을 가진 자로 앞으로는 페미니스트였고 뒤로는 권력을 이용해 추행을 일 삼아 경악을 금치 못했다.

출산의 고통을 체험하려는 남자 기자한테 충격을 가하자 10분 만에 살려달라고 소리쳤다는데 그렇게 목숨 걸고 15시간 이상 진통을 겪는다. 온몸에 지진이 일어날 것 같은 지옥을 오가다 가까스로 만난 어여쁜 딸을 안고 기쁜 눈물을 흘렸는데 그게 시작이었다. 육아를 담당할 사람이 없자 어쩔 수 없이 지영 씨는 경력 단절녀가 되었다. 나 또한 교사를 그만 두고 가사에 전담하고 있을 때 밀려왔던 상실감과 공황 상태가 떠올라 목이 컥컥했다.

나의 전업주부 시절, 육아 일과 가사에 지쳐 꿈은 사금파리가 되었고 숨이 막혔다. 이번 생은 잘못 끼워진 단추인가 싶었다. 돌파구로 남편과 자식들이 부담스러워 하는 줄 알면서도 나의 성취욕을 그들에게 옮겨 헛된 날갯짓을 하며 보낸 우울한 시간들을 겪어서인지 뼛속 깊이 공감이 되었다.

직업 여성들의 애로도 만만하지 않다. 사회에서는 뒤처지지 않아야 했고 가정에서도 완벽한 슈퍼우먼이 돼야 하니. 외벌이로 살아가기에는 집값은 천정부지로 솟고 마땅히 아이를 돌볼 사람은 없고 여성들의 배움을 가정에 사장시키기에는 아깝고 이래저래 이 땅의 젊은 여성은 힘들다. 결국 결혼도 아이도 다 포기하는 이 세대의 문제를 진정성 있게 국가 차원에서 해결해야 한다.

위안이 되는 것은 지영 씨의 남편이 여성을 공존해야 할 성으로 상호 보완하고 존중하고 살아갈 사람 같아서 얼마나 다행스러운지 모른다. 아내에게 변함없는 사랑과 관심을 갖는 남편이 있는 한 우울증과 불안증은 능히 극복할 수 있을 것 같은 희망을 가져본다. 아직 삼십대, 미혼도 수두룩한데 겹겹의 먹구름을 걷고 당당한 여인으로 날갯짓하며 푸른 꿈을 향해 날기를. 아자! 82년생, 김지영.

(2020. 봄)

우수리

귀농하여 과수원을 하는 동생한테서 택배가 왔다. 반가운 마음에서 개봉을 하니 하얀 분을 쓴 인물 좋고 불그스레한 단감이 고향의 소식을 전한다. 온 집 가득 빛이 밀밀한 고장 밀양의 푸른 하늘 자락이 펼쳐지고 싱그러운 바람 내음이 난다. 깎아 한 입 먹으니 입안에 감도는 육질과 과즙이 일품이다 싶다. 농사는 전혀 문외한이고 도시에서만 자란 동생이 부모님께서 일찌감치 떠난 고향을 어느 날 불쑥 신내림처럼 "옛집이 저를 부른다." 며 어머니의 걱정을 뒤로하고 귀농을 한 지 오래되었다.

본인은 티브이 프로 〈자연인〉처럼 즐거운지 모르겠지만 지켜보는 형제들은 고생길에 들어섰다 싶어 불편하기만 하다. 맛있는 감 맛만큼이나 동생에게도 맛난 인생이 열렸으면 좋겠다. 정량 외에 여분의 감이 함께 온 듯해 덜어내면서도 마음이 안쓰럽다.

어릴 적, 우리 집에는 후손들이 논농사 외에 부가가치를 올리며 윤택하게 살라고 멀리 내다보신 증조부께서 심으신 유실수로 밤 산과 감 밭이 죽 펼쳐져 있었다. 가을이면 수확한 감이나 밤이 배꼽마당에 작은 산을 옮겨 놓은 것같이 쌓였다. 실과가 그득한 광주리와 가마니를 보며 가족 모두 몸은 고되었으나 넉넉한 미소가 감돌았다.

온 집안 식구들과 머슴은 들일도 봐야 하고 유실수의 실과도 거두어야 했다. 일손이 모자라 부지깽이도 도와야 할 때여서 어린 나도 아침 일찍 눈을 비비며 소쿠리를 들고 산비탈이나 밭으로 감이나 밤을 주우러 다녔다. 때로는 홍시에 미끄러지고 나무에서 뚝 떨어지는 알밤에 몸을 맞기도 했다.

그렇게 거둔 과실은 딸을 단장하여 혼례청에 세우듯 크고 적당히 익고 반듯한 것들을 골라 상품으로 멍석과 광주리에 내놨다. 나도 어른들 틈에 서서 감이나 밤을 흥정하는 모습을 마음 졸이며 들여다보았다. 상인들이 트집을 잡아서 값을 후려치거나 혹시나 안 사가면 어쩌나 걱정이 되어서였다.

도시의 장사꾼들은 희한했다. 감을 셀 때 한 접인 백 개에서 우수 혹은 우수리라며 덤으로 여남은 개를 따로 세어 가져가고 알밤도 수북하게 되나 말 위에 고봉으로 올려놓고도 모자라 양팔로 감싸 밤을 끌어안아 세곤 했다. 밤과 감은 그냥 과실이 아니라 온 가족이 매달려 수확한 우리 가정의 수입원이었고 땀이며 피와 눈물이었다. 빤질빤질한 장사꾼들이 우수리라는 핑계로 욕심 많게 공짜로 저 많은 걸 갈퀴처럼 끌어가다니! 어린 나의 눈으로도 그 사람들이 얄미웠다. 할아버지께서 그저 느긋하게 사람 좋은 웃음을 흘리며 우수리에다 또 덤의 과일을 챙겨주시는 것까지 못마땅했다.

우수리란 뭔가. 물건 값을 제하고 거슬러 받는 잔돈이나 일정한 수나 수량에 차고 남는 수와 수량을 말한다. 제 값어치 외에 조금 더 얹어주는 여유분이어서 마음이 따르지 않으면 불가능하다. 마트나 백화점의 한 점의 오차도 없는 정가보다 어쩐지 인정을 주고받는 장날이 훈기가 느껴지는 이유도 우수리가 오가기 때문이다. 길도 깎아지른 아스팔트보다 삐뚤빼뚤한 골목길이 더 푸근하며 사람 냄새가 나는 것처럼.

외국어 같은 순수 우리말 우수리에는 깊이를 알 수 없는 사람의 향기가 스며있다. 그 장사꾼들도 사람이 하는 일이니 감이나 밤에 흠결이 있을 수 있을 것이라 예상해 끌어안아서라도 더 가져가야 손해를 안 볼 테고 할아버지께서도 지천인 과일이니까 나누는 심정으로 후한 인심을 쓰셨을 테다.

이런 우수리라는 여유는 기계는 넘볼 수 없는 사람끼리의 관계에서 비롯된다. 덤을 가져간 장사꾼의 입장에서도 실과를 파는 여러 집이 있지만 넉넉한 우리 집을 해마다 단골로 정해 거래를 해야겠다는 작은 마음의 울림은 일렁였을 것이다. 어린 나이가 본 하늘은 좁았다. 우리 식구들의 노력만 보였지 그 생각까지 도무지 못 미쳤으니. 시간은 이렇게 가르침이 되어 나에게 찾아온다.

아침을 먹다 오늘이 무슨 요일인가 하고 절에서 가져 온 큼직한 글자가 적힌 음력 달력을 찬찬히 훑어보았다. 시월이 지났는데 윤시월이란 또 한 번의 시월이 돋을새김 글자로 드러난다. 눈이 번쩍 뜨여 아직 남은 날은 음력을 사용해야 할 것 같았다. 해마다 열 달을 어영부영 보내고 십일월이면 또 한 해가 가는 당연한 일에 몸살을 앓곤 한다. 공연히 마무리 짓지 못한 일로 인해 바람 든 무같이 푸석푸석하고 마음이 헛헛하다. 이런 연례행사에 여분의 한 달 윤시월이 우수리로 있어 올해는 조금 느슨해지고 웃음이 머금어진다.

길을 걸으니 분명 소소리바람인데도 훈훈하게 느껴지는 것은 아마 연거푸 다가온 덤의 달 윤시월 때문인 것 같다. 글자 하나하나가 비상을 준비하고 있는 갈까마귀 떼처럼 머리를 조아리고 있는 형상의 달이 많이 고마워 숫자를 쓰다듬어 본다. 덤의 달을 잘 활용하여 일 년을 후회 없이 갈무리하라고 주어진 숫자 놀음이라도 좋다. 횡재같이 얻은 이 달에 무엇을 할까. 버킷리스트처럼 목차를 정하여 한 줄 한 줄 삭제해 나가야겠다. 한 자도 빠짐없이 다 지우기에 성공하면 좋겠다. 우리 인생에도 우수리가 있으면 싶다.

(2018. 가을)

때로 그립거든

- 미리 써본 유서 -

영구차 속에서 졸다 깼다를 반복하면서 밀양의 선산으로 향하는 너희들, 무척 힘들고 많이 피곤하겠구나. 아니 마음이 더 무거울 테다. 잘한 일은 안 떠오르고 그저 못한 일만 가슴에 남아 울컥해 하지 말았으면 좋겠다.

불완전하니까 사람인 게야. 완벽하고 후회가 없는 삶은 인간 너머 신의 삶이 아니겠니. 친가, 외가의 어른들을 한 줌의 재로 떠나보내고 한동안 나는 말을 하고 밥을 먹고 소리내어 웃어도 될까 하여 하늘을 올려다보기가 민망스러웠어. 떠나는 엄마를 부여잡고 눈물도 후회도 말고 흔들림 없이 보내주면 좋겠다. 비로소 말할 수 있겠네. 나비가 우화하듯 죽음이란 끝이 아니라 나의 업만큼 또 다른 형태의 삶을 살려고 떠나는 것이라고. 인생이란 다 그렇게 회한이 들고 아쉬운 것 아니겠니.

주택에 살 때 예쁜 목련과 국화, 영산홍이며 장미꽃들이 너무 초라하게 이울고 동백꽃만 고운 모습 그대로 진다고 너희들이 그랬지? 나노 책을 읽다가 고요히 동백꽃처럼 똑 이승을 떠났으면 싶었어. 많이 염려하였는데 그런대로 깔끔한 마무리를 했으니 얼마나 다행인지 모르겠다. 작성하였던 연명 포기각서가 쓸모없게 되었으니 생의 갈무리에 축복을 받았다 싶다. 혹시 장기가 성한 게 있어 쓰일 수가 있다면 병원 측에 연락하여 꼭 필요한 누군가에게 기증하여라.

내가 남긴 작은 재산의 일정액이나마 사회에 꼭 기부하고 싶다. 겨자씨만 한 남김이라 부끄럽지만 필요한 누군가에게 작은 희망의 씨앗이 되었으면 한다. 엄마는 겨우 이 정도밖에 안 되어 면구스럽지만 너희들과 손주들은 점점 더 많은 액수를 사회에 환원할 수 있는 생이 되기를 간곡히 바란다.

흔히들 인생은 고행이라 한다. 나는 세상의 잣대로 봐서 남들이 부러워하는 번쩍이는 모습은 아니었지만 소소하고 따뜻하게 살면서 그럭저럭 괜찮았다 싶다. 아버지를 만나 가정을 이루고 그 속에 너희들이 자라는 그 기쁨으로 나는 꿈을 꾸고 소박한 집을 지었다. 다들 별 말썽 없이 자라줘서 고마웠고 성인이 되어 수도 서울에서 터전을 잡고 얻은 손주들로 인해 받은 기쁨을 어찌 글로 다 피력하겠니. 그 자체로써 이미 한껏 효도를 한 거야.

돌아보니 산다는 게 다 한 줄기 바람 같고 찰나인데 나는 껴안는 삶에 인색했던 것 같다. 부질없이 욕심내고 허비한 시간들에 회한이 든다. 너희들은 가족과 형제는 물론이고 이웃들과 나라, 생명 있는 모두를 사랑하는 넉넉한 삶이었으면 한다.

무슨 일을 하든지 성실하게 임하고 그 일이 사회 모두에게 이익이 되는 일을 하고 불꽃같은 열정으로 일생을 살았으면 한다. 오늘이 세상의 끝 날인 것처럼 살면 안 되는 일이 없고 반드시 원하는 곳에 가 닿아 있을 것이야.

내가 항상 말했지. 작은 효는 부모를 의식주 걱정 없이 보살피는 것이지만 큰 효는 자식을 잘 키워 집안을 세우는 일이라고 했지. 혼란한 세상에 옳은 가치관으로 행동하여 가정을 살아서 누리는 낙원

이게 하렴.

엄마는 화장하여서 재 한 줌으로 만들어 아주 작은 상자에 봉해 선산에 봉분 없이 묻어주기를 원하였는데 따라줘서 고맙다. 젊은 시절, 바라만 봐도 푸른 꿈이 쌓이던 한강에 뿌리고 싶었지만 자연에게 누가 될 것이고 낯선 곳의 수목장보다는 고향의 맑은 하늘 아래서 별을 헤며 청초한 구절초를 피우는 한 줌의 흙이 되고 싶어 내린 오랜 결정이다. 서운하다면 작은 비목에 – 인생도 글도 짝사랑하여 행운이었다.– 라고 써도 될까. 안녕 얘들아. 많이 사랑했다.

2018. 10. 엄마 씀

겨울미인

와 ─설국이다. 하늘과 나무들과 땅, 천지가 새하얗다. 산까치가 정적을 깨고 사라진 숲에는 두런두런 인기척만 날 뿐 적막하다. 좀처럼 눈을 볼 수 없는 남쪽 지방에 살아서인지 푹푹 빠지고 넘어지며 숲을 걸으니 금세 동심이 된다. 이따금씩 산머리에서부터 불어오는 칼바람에 볼이 얼얼하고 입김에 젖은 목도리가 그대로 얼어붙는 강원도 인제군 원대리의 자작나무 숲이다.

이런 추위에도 아랑곳하지 않고 의연하게 큰 키로 무리 지어 하늘을 이고 별을 쓸며 숲을 지키는 자작나무들. 젖은 발을 눈 속에서 빼내 꼿꼿한 자세를 풀고 한 번쯤 탁 트인 수평선으로 가슴을 열어, 들판을 내달리고도 싶을 텐데도 묵묵히 서 있다. 그들에게도 여린 순이 눈을 비비는 따스한 봄날이, 생의 의지를 쑥쑥 키우던 여름과, 금빛 찰랑대며 원숙한 아름다움을 뽐던 가을날도 있었는데. 그 모든 삶을 다 내려놓고 늘씬한 몸매로 새하얗게 단장하고 동절기 묵언 수행에 든 겨울 미인들의 모습이 신비하고 고와서 섧기도 하다. 추호의 흔들림 없이 진지하게 정진하는 모습에 속기 가득한 내가 서성대는 게 외람되다.

설레는 마음으로 숲의 흰 속살을 밟으니 울울한 자작나무 눈밭 사이로 마차를 달리던 시인이며 의사인 지바고를 만날 것만 같다. 조국과 시를 사랑하고 아내를 두고도 매력적인 여인 라라를 연모하는 그. 주연 오마샤리프의 고뇌 깊은 눈매만큼이나 그윽한 한겨울의 서정이 숲길에 흐른다. 그들의 연정은 보편적인 가치로 봐서는 엄연한 불륜임에도 관객 모두 몰입되어 두 사람을 응원하고 만나고 헤어지는 순간순간이 애가 탔다. 차가운 이성으로도 감당이 안 되는 그들의 사랑이 불결하기보다는 지순하고 정결해 보였던 것은 순백의 눈과 자작나무가 배경이었던 게 큰 몫을 차지했겠다.

'자작나무' 하고 혀끝에 올리면 늘 불을 지피는 따스한 난로가 떠오른다. 바안한 불 속으로 한 줌 두 줌 나뭇가지를 던지며 불을 쬐면 삶의 오한도 스르르 녹일 것 같다.

불면이 지속되던 어느 날, 더러 복용하던 수면 유도제 대신 ASMR*로 그들이 타는 소리를 들으며 편하게 잠든 적이 있어 더 마음이 간다. 자작나무처럼 세상 마지막에 제 이름을 부르며 사라지려면 무엇보다 스스로가 거리낌이 없고 살아온 길에 후회나 부끄러움, 아쉬움 같은 단어에서 걸림이 없어야 하지 않을까. 생이 끝날 때 나도 나의 이름을 부르며 존엄하고도 고고하게 생을 갈무리할 수 있으면 좋겠다.

큰 키의 자작나무들의 몸통에 드러난 거뭇한 흉터는 여러 나무와 더불어 살아가기 위해 과감하게 제 가지를 떨어뜨린 자국이란다. 당차다. 피붙이를 내치는 일이란 살아서 지옥을 보는 일일 텐데 그 모두를 뛰어넘은 절제미가 몸처럼 돋보인다.

나를 생각해 보았다. 인생을 사계절에 대입시킨다면 봄, 여름, 가을을 다 보낸 여기 이 숲의 상태다. 그런데도 자작나무처럼 자식들을 내 마음에서 선뜻 덜어내지 못하고 끝없는 마음 쓰임으로 서로를 힘들게 한다. 아이들이 세상 바다 위를 순탄하게 노를 잘 저어

갔으면 하는 노파심으로 갈등을 빚고 번민하는 등 집착에 나를 가두고 있다. 현자들은 단지 그대의 몸을 빌려서 태어난 자유로운 영혼일 뿐이라 했는데 부질없는 욕심 때문에 모든 걸 다 정리해야 하는 인생의 끄트머리에서도 늘 제자리걸음이다. 지혜로운 자작나무는 주변 관리가 깔끔해야 백치미가 아닌 진정한 미인이고 가인이 보편적 잣대에서 벗어나면 훨씬 추하다는 것을 잘 아는 모양이다. 그래도 백옥 같은 몸에 검은 상흔이 문신처럼 새겨진 것을 보면 속내는 아픔을 많이 삼내하였나 보다.

누구든 아름답게 태어난 것은 축복이다. 선천적인 소박한 모습은 어쩔 수 없는 나의 운명이라 하더라도 후천적인 내면이 아름다운 사람을 빚는 일마저 이리 게으르고 아둔하니, 이번 생애는 내게 '미인' 이라는 단어와 함께하기는 글렀다 싶다. 사람 셋만 모이면 그중에 반드시 배울 이가 있다는데 자연은 한 대상만으로도 스승이 될 수 있는 힘을 지녔다.

못내 아쉬워 산등성이에 펼쳐 있는 자작나무 군락을 인증 샷 했다. 들여다보니 이국적인 냄새가 물씬 풍기는 한 장의 카드다. 이 카드는 무시로 그리움의 날에 베어 뒤척여 본 이와 공유하거나 삶의 난수표가 해독이 안 되면 열어보며 추울수록 귀티 나는 그들을 오래 기억하려 한다. 숲은 말이 없다.

* ASMR(Autonomous sensory meridian response)
오감을 자극하는 것만으로 뇌가 쾌감을 느껴 심리적 안정감이나 쾌감을 느낀다는 이론. 바삭바삭 장작 타는 소리, 시원한 빗소리나 물소리를 들으면 심신이 휴식이 된다.

(2019. 겨울《수필문예》)

4부

강성여화江城如畵

대청마루를 디디는 발걸음마다 삐걱삐걱 노 젓는 소리가 따른다. 빛바랜 단청과 기둥과 서까래, 바닥의 거무튀튀한 복리눈이 영욕의 세월을 끌어안고 묵묵히 서있는 고색 창연한 모습이 정겹다.

고향 밀양의 영남루에 올랐다. 예와 다름없이 푸른 강은 윤슬에 반짝이고 정물처럼 몇 척의 유람선만 띄우고 있다. 때 이른 여름 날씨인데도 땀이 줄줄 흘러 아랑*의 절개를 묻혀 온 서늘한 댓바람에 식힌다.

일요일, 밀양시에서 좀 떨어진 사찰이 운영하는 요양원에 계신 어머니를 비대면으로 뵙고 돌아서 오자니 날씨는 화창했지만 가슴에는 먹구름이 잔뜩 끼었다. 왠지 불효한다는 생각에 우울감을 애써 지우려고 오랜만에 누각에 오르니 가슴이 탁 트인다. 현판에 행서체로 강성여화江城如畵, '강과 성은 그림 같다.'가 적혀 있다. 아니 그림보다 훨씬 아름답다. 그 어떤 걸작이 싱그러운 바람 내음이며 결 고운 강물의 움직임과 잎사귀 위로 굴러 내리는 햇살 그대로를 표현할 수 있을까 어불성설이다.

마룻바닥에 주저앉아 앞을 내다본다. 저 멀리 남편과 내가 다녔던 남중과 여중학교가 손톱만큼의 크기로 보인다. 싱그러운 담쟁이가 벽면 가득 우거져 동화 속 같아 어른이 되면 내가 살 집으로 낙점해 두었던 하얀 이층집은 형체가 없어졌다. 남편의 추억 속 사진관이랑 레코드 가게에는 큰 건물이 들어서서 떡 벌어진 어깨를 내민다. 당연한 일이 서운하다니. 내가 나이가 들었다는 것을 더러 잊어버린 까닭이다.

고향이 있다는 것은 홍복이다. 이런 자연 하나하나에 깃든 기억은 도회의 가파른 삶에 기진맥진한 나를 살리는 힘이 된다. 언제나 손사랫질하면 달려와 글이 되고 그리움이, 잊었던 꿈이 팔팔 살아

난다. 한참이나 강을 내려다보니 시상을 잡지 못해 발을 동동거리던 작은 단발머리 여자애가 떠오른다.

수십 년 전, 벽지의 초등학교에 갓 사범학교를 졸업한 총각선생님이 부임해 오셨다. 그분은 매사에 열정적이었으며 무엇보다 학생들을 친구처럼 대해주셨고 늘 우리 편이어서 아이들은 무척이나 따랐다. 당신은 책이 귀한 벽지의 우리들을 위해 도회지에서 동화책을 구해 오시기도 했고 멋진 영화 이야기도 해주셨다. 나는 그 선생님이 지도하는 문예반 학생이었다. 당신은 방과 후에도 의욕적으로 글짓기를 많이 가르치셨는데 칭찬과 격려를 병행하면서 수업을 진행하여서 재미있게 공부를 했다.

어느 날, 한글날을 즈음한 군내의 백일장 초등부에 나를 비롯한 문예반 학생들 다섯 명이 학교의 기대를 걸고 대회에 참가하게 되었다. 당일, 누각에 많은 아이들이 모인 것에 조금 주눅이 들었다. 그나마 나의 자리가 난간 옆이어서 강을 잘 볼 수 있었던 건 다행이었다. 도랑물만 보고 자란지라 그렇게 많은 물이 모여서 흐른다는 것은 신기 그 자체였다. 내가 본 물은 아래로만 떨어졌는데 남천강물은 옆으로 흘렀다.

흐트러지는 마음을 모아 애써 집중을 하는데 두루마리에서 펼쳐진 시제는 '비둘기'였다. 눈앞이 캄캄했다. 잘 쓰고 싶은 마음과는 달리 글이 한 줄도 써지지 않았다. 비둘기와의 교감 자체가 떠오르는 게 없었다. 등과 손에는 땀이 타고 내렸다. 뭘 쓸까 망설이다가 마감 시간이 다 되어 겨우 몇 줄을 억지로 써서 제출했다. 그때가 잠재의식 속에서 트라우마로 작용하였는지 지금도 삶의 난제 앞에서 헤맬 때면 수업을 마치는 벨은 울리고 답안지는 비어있는 꿈을 꾸곤 한다.

애석하게 그날 우리 학교에서는 한 명도 선選에 들지를 못했다. 선생님은 속으로 무척이나 실망을 하셨을 텐데도 오히려 풀이 죽은 학생들을 다독이셨다. 이번은 준비에 불과하다, 다음에 잘하면 된다, 심사위원들의 눈높이가 다를 수도 있다는 둥 많은 위로를 하셨지만 어린 마음에도 면목이 없는 것은 사실이었다.

행사가 끝나 집으로 갈 시간이었다. 선생님께서는 출장비가 모자랐던지 막차를 놓쳤는지 모르지만 다들 읍내에서 면으로 난 신작로를 걸어갔다. 다리가 아플까 싶어 지나가는 농부의 양해를 얻어 소달구지 위에 우리들만 태우고 당신은 걸으면서 가만히 휘파람을 부셨다. 다 같이 노래를 불렀다. 길 양 옆으로 줄 지어 선 코스모스 위로 흐벅진 달빛이 쏟아졌다. 농부와 헤어진 후 다시 재를 넘어 십

리도 넘는 길을 또 걸어 집으로 갔다. 그때의 서정적인 장면이 어제 일처럼 생생하게 남아 수시로 내 안을 흔든다.

오늘에야 왜 그리 주어진 시제에 막막했는지 조금은 알 것 같다. 철부지의 가슴과 머리 빽빽이 감탄부호가 가득해 세상 밖으로 끌어낼 시어가 떠오르지 않았던 것 같다. 지금도 그때처럼 과부하에 걸릴 것만 같다.

* 아랑각: 영남루 아래 대밭 속에는 관원으로부터 정절을 지키려다 죽임을 당한 밀양 부사의 딸 아랑 낭자의 사당이 있다.

(2021, 봄)

동화가 오다

친구들과 을숙도 오페라하우스에서 〈마술피리〉를 보기로 한 날은 태풍 다나스가 제주도를 통과해 부산으로 북상 중이었다. 요란한 중계방송과는 달리 낮에 부는 바람은 순했다. 밤이 고비라 했지만 국립오페라단의 지방공연이 쉽지가 않아 이 기회를 놓치면 후회할 것 같은 조급증이 우리를 용감하게 했다.

〈마술피리〉는 신비하고 몽환적인 배경에 양념처럼 예리한 유머와 슬며시 은유를 쏟아내는 오페라였다.

출연하는 성악가들의 노래도 멋졌고, 익히 들은 고음과 고난이도의 〈밤의 여왕〉의 아리아는 청중을 압도했다. 검은색 드레스를 입고 열창하는 여왕의 카리스마에 넋을 앗겨 숨을 내쉬는 일도 삼가고 있었다. 우레 같은 환호의 박수가 쏟아지고 관객 모두는 덜컥 동화의 세계에 가두어졌다.

동화란 무엇인가. 환상과 현실의 아름다운 접목에 의해 만들어진다. 바탕에는 인간 구원과 인간성 회복의 정신이 깔려 있어야 하고 이상이 있어야 한다. 주체는 어린이지만 아이, 어른 할 것 없이 추구해야 할 유토피아다. 살아갈수록 우리네 삶이 힘든 것은 가슴에 꿈과 함께 동화가 사라졌기 때문인지도 모른다. 우리는 옥죄는 현실을 놓고 바람구두를 신고 지상에서 영원으로 갔을까.

관람을 끝낸 후 밖에 나오니 부는 바람에 퍼뜩 정신이 들었다. 세상은 아수라장이었다. 하늘이 찢어지고 번갯불이 번쩍이는가 하면 우산이 뒤집어져 우리가 날려가지 않은 것만 해도 다행이었다.

위급 상황이 일어날 걸 예상했으면서도 무리수를 둔 것은 동심이 목말라서였다. 음악의 바다에 푹 빠지고 싶어서였다. 이런 우리의 마음을 마술피리는 재빨리 알아채고 좌석예매를 하는 순간 꼼짝 못하게 마법을 건 게 아닐까. 철부지 같은 행동을 감행한 게 무모하기도 했지만 그날이 그날 같은 삶에 몇 시간만이라도 아름다운 세계를 유랑한 기억에 남을 하루이긴 했다.

비 맞은 생쥐 꼴이 되어 겨우 지하철을 타고 왔지만 후회는 없다. 태풍과 함께 〈마술피리〉는 훗날 우리들의 가슴에 날것으로 오래 기억되어 녹슨 일상에 기름이 될 것임에. 다나스가 잠시 세력을 확장하다 별 피해를 내지 않고 얌전하게 스쳐가서 무모하기도 한 우리의 마음을 편안하게 해준 것도 다행이었다. 동화의 보상이었다.

(2019. 여름)

보수동 책방 골목

기다리는 마음들이 포개져 탑을 만들었다. 옹색스레 모로 누워 가판대 위에 있는가 하면 사방 벽에 빼곡히 꽂혀 있고 천장까지 닿아도 있다. 그도 모자라 지하 가득 책이다. 위태하게 버티고 있는 모습이 그들의 생존 여부 같다. 불안한 놓인 자리에서도 자기들을 찾는 그 누군가를 기다리는 몸짓이 애잔하다.

아침부터 오는 비가 세상을 적시고 내 안에도 그대로 스며들었다. 누기를 걷어내려고 따끈한 한 잔의 커피를 마시고 길을 나섰다.

보수동 책방 골목에 수년 만에 발을 디딘다. 한 번 들른다 하면서도 국제시장과 깡통시장만 무심하게 오갔을 뿐 오늘에야 인연이 닿았다. 오래 두고 본다고 새 책만 구입하다 보니 소원해졌다 싶다. 신학기도 아닌데다 코로나의 영향일까 책방을 기웃거리는 사람은 거의 없고 한갓지기만 하다.

책방골목문화관에 들러 책들이 통과해온 발자취를 읽는다. 6·25전쟁 통에 난전에서 책을 팔기 시작하여 독재에 저항하고 부마민주항쟁의 배후가 되기도 한 청년운동의 거점이고 산실이었던 곳이다. 책방들은 젊은 그들의 지적 갈증을 해갈시키고 심오한 지성을 조율하며 우리나라가 성숙하기까지 아픈 역사와 함께했다. 그렇게 성장한 청춘들이 지금은 사회 곳곳에 뿌리내려 책을 읽으며 편안하고 아름답게 나이 들어갈 것이다.

책을 껴안은 동상과 독특한 하수도 뚜껑, 골목 바닥 대리석에는 철학자와 시인과 사상가들의 주옥 같은 글귀가 새겨져 있어 물씬 학구적인 기가 풍긴다. 나날이 변하는 세상 속에서도 옛것을 지녀 용케도 살아남은 도심 속의 섬, 갈라파고스다.

고졸한 분위기에 젖어 골목을 다니다 김훈의 에세이집을 사기 위해 서점 안으로 들어갔더니 주인장은 그 많은 책 중에서 금방 한 권을 뽑아 온다. 약간 낡았지만 책을 사랑한 사람과의 소통이 이뤄졌는지 손때도 정겹다. 이제 이 속의 글들은 고스란히 나에게 옮겨와 내 영혼을 살찌울 것이다.

헌 신문지로 포장해주는 헌책을 받으니 반세기 전 물자가 귀하던 때의 기억이 되살아나 마음이 따뜻해진다. 역사가 꿈틀이는 책방들이 사라지지 않고 오래 이곳을 자신들의 영토로 자리매김하기를 바라며 묵은 책 향을 듬뿍 묻혀 골목을 벗어났다.

(2021. 봄)

자화상

어느 날, 칫솔을 문 채 욕실 거울을 보니 문득 낯선 한 여자가 서 있다. 멋내기가 아닌 젊음을 되찾으려는 간절함으로 염색한 윤기 가신 새까만 머리카락이 촌스럽기 짝이 없다. 웃으면 주름이 뱀장어처럼 꿈틀대고 거뭇한 검버섯하며 살찐 어깨와 팔뚝, 계단 앞에서 퍼더앉고 싶은 무릎, 허리 디스크, 세룰라이트가 군데군데 분포되어 있는 몸은 굴러가는 눈사람인 듯 위아래가 없다.

오랜 세월, 단 하루의 휴식도 없이 몸을 마구 쓰다 보니 바꾸고 끼워 넣고 다독여가며 오늘을 살지 않으면 무리가 오는 이 모두가 내 육신의 신상명세서다. 그렇다고 세월의 더께가 앉아 풍기는 우아미나 기품도 없는, 나마저 얼굴을 돌리고 싶은 좀은 쓸쓸한 한 여자가 처연하다. 대인은 자기의 열등감을 발상의 전환으로 승화하기도 하지만 지극히 수수하고 평범한 나는 엉거주춤 오고 가는 세월만 맞고 있다.

시인 윤동주도 연민과 애틋함으로 자신의 모습을 노래했고 정신분열증의 고흐도 자화상을 그리고서 분노하며 귀를 잘랐다. 불후의 명작을 남겨 세기를 넘나드는 예술가들도 스스로에게는 불만이니 나르시스라면 모를까 누구든 자신에게 쉬 만족은 없는 모양이다.

이런 인간의 욕구를 알아채고 서둘러 현대 의학이 미학과 합작하여 신에게 도전장을 내밀었다. 여포의 창칼 같은 콧날, 작은 얼굴 만들기가 성행하고 연예인들의 보톡스가 나이의 지우개가 되어버렸다. 그러다 보니 아까운 젊은이들이 미인도 되고 싶고 좋은 인상까지 가지려고 사투를 하다 그 부작용으로 소중한 생명을 잃기도 하는 서글픈 오늘날의 풍속도다. 성형이 긍정적인 면에서는 자신감을 높이고 경쟁 시절에 외모를 북돋워서 덤의 효과도 얻을 수 있는 것은 부인할 수 없는 사실이지만 개성미 깃든 천연의 얼굴을 찾기가 쉽지 않다.

언젠가 칸 영화제에서 각본상을 수상한 〈시〉의 주연 여우 윤정희가 주름살진 얼굴로 열연하는 모습은 수입 식품의 홍수 속에서 귀한 신토불이 먹거리를 발견한 것 같아 쉬 몰입하게 되었고 오래 울림이 있었다.

만나서 수다를 떨다 허허롭게 헤어지기 싫어서 친구들과 좀 더 품격(?) 있는 모임을 하고자 뜻을 모았다. 연극이나 음악회, 전시회나 영화 등의 문화를 접속하여 피곤한 삶의 쉼표도 찍고 감흥을 고스란히 비축하였다가 매일 조금씩 헐어 쓰면 한 달 내내 윤기로 지난한 일상이 반들거릴 것 같아서였다. 그날은 해운대 벡스코에 있는 영화의 전당 야외극장이 영혼 주유소가 되었다.

흘러간 명화 오드리 헵번 주연의 〈로마의 휴일〉을 다시 보았다. 해변의 밤 기온이 서늘하여 담요를 둘러쓰고 관람하여 모양새가 좀 우스꽝스럽기도 했지만, 볼 때마다 큰 눈과 짧은 머리가 어울리는 해맑은 모습과 상큼하고 발랄한 연기는 박하 향을 맡는 것 같았다.

수십 년 전 낡은 패션의 옷과 대사와 연기, 무채색의 화면이었지만 가슴은 일렁이고 뜨거웠다. 세기를 넘나들며 지구인들의 심연에

지지 않는 꽃으로 피어난 전설의 연인, 헵번. 무엇보다 질병과 기아로 죽어가는 아프리카나 소말리아 등등 가난한 나라의 어린 꿈나무들에게 쏟은 헌신과 열정은 보이는 그녀의 아름다움 위의 아름다움, 미의 탑을 보는 것 같았다.

역사 속에는 팜 파탈의 미인들도 많았다. 클레오파트라는 영웅 시저와 안토니우스를 허무하게 스러지게 했고 서시와 양귀비, 장희빈은 왕이 총애한 만큼의 대가를 온 나라가 치러야 했기에 경국지색이라 했던가. 요즘도 번쩍이는 외양을 갖췄지만 소시민이 상상하지 못하는 사치를 일삼고 박수가 사라지면 마약이나 도박, 사기며 송사도 마다않는 연예인들이 허다한데 관중들의 참 스타가 되는 그에게 경애감이 우러났다.

“아름다운 입술을 갖고 싶으면 친절한 말을 하라. 눈이 예뻐지고 싶으면 좋은 점을 보아라. 날씬한 몸매를 갖고 싶으면 너의 음식을 배고픈 사람과 나눠라. 더 나이가 들면 손이 두 개라는 것을 발견하게 될 것이다. 한 손은 너 자신을 돕는 손이고 또 한 손은 다른 사람을 돕는 손이다.”라고 남긴 그분의 명언들. 육신이 그런 이유로 존재하는 것을….

저만치 나를 분리하여 요모조모 훑어보니 어디 딱히 내세울 것이 없다. 이는 더불어 사는 삶 만이 나의 모자람이 채워짐을 말한다. 무엇보다 나를 성가시게 하는 여기저기의 잔병치레를 없애려면 우선 아픈 이들을 보듬어야 하고 곱게 늙으려면 남에게 고운 마음을 써야 한다는 것을 알면서도 실행하지 못하는 게 나와 헵번의 큰 차이점이겠다. 모든 게 내 탓이며 부덕의 소치다. 이 어려운 해법을 어떻게 남은 생애에 풀어내야 할까. 상영 시간 내내 그녀의 정신을 내 몸에 수혈 받고 싶어졌다.

잠시 영혼의 링거와 보톡스를 맞아 오달진 가슴에 검푸른 하늘의 별이 뛰어내렸다.

(2015. 여름)

종이가 있었네

한 달 전, 휴 – 할아버지의 긴 한숨이 골목을 감아 도는 날이었다. 그분을 기다리던 이웃 사람들이 수북이 모아 놓은 신문지와 종이 상자를 수레 위에 올리며 "매칠 안 비서 궁금하더마는, 오늘 버리는 게안소?" 하고 말을 걸었다. 나도 커피 한 잔을 들고 나갔다. "머가 조캤능교. 죽지 몬해가 살고 있심더. 와 이레 지승사자는 꿈뜨는지 모르겐네요." 후후 불어가며 커피를 마신 당신. 말씀은 그리했어도 종이 상자와 폐지를 정리하는 손길은 익숙하고 깔끔했다.

종이를 대하는 몸짓에는 진지함이 묻어났다.

이윽고 수레가 당신을 끄는지 당신이 수레를 끄는지 손잡이에 매달리듯 몸을 걸고 사라졌다. 올려다본 하늘의 낮달마저 창백하여 섧다. 저렇게 불편한 몸으로 골목마다 누비는 저분에게 반찬 몇 가지라도 김을 올려 줄 가족은 있는 걸까. 아랫목은 따스할까. 찡한 가슴을 비집고 종이에게서 피어나는 따뜻한 그림들이 떠오른다.

재봉틀로 가족들의 옷을 지으시는 어머니 옆에서 방바닥에 배를 붙이고 공부를 했던 어린 시절. 공책의 네모 칸에 글을 넣을라치면 쉬 구멍이 나고 틀린 글자를 지우면 찢어지기도 하였던 종이의 재질이었지만 아랑곳하지 않았다. 자음과 모음을 꿰맞추면 글이 되고 뜻이 전달되는 게 신기하기만 했다. 그 신묘함에 끌려 손을 놓지 못하고 여태 글을 가까이하고 있는 나에게 종이는 내 마음을 비추는 거울이다. 내 영혼의 분신을 보듬은 강보다. 세상 바다에 글을 태우고 떠가는 뗏목이다.

종이는 신뢰를 받고 지킨다. 사람이나 세상 모든 존재들, 생물이나 무생물의 증명이 되고 약속을 기록할 수 있어 불확실성의 시대에 인간은 믿질 못해도 종이는 믿는 세상이 되어버렸다. 내가 나임을 문서화해야 하고 언약의 증명서가 되기도 하여 죽은 듯 있어도 살아 있는 입체적이고 소중한 것이기도 하다. 종이가 품고 있는 지식을 꺼내 가슴이나 머리에 옮기고 반대로 내 안에서 밖으로 들추어내서 펼칠 수도 있게 하는 도구는 종이가 필수다.

만약 종이가 없다면 우리의 삶은 널브러져 체계적이지 못하고 보관상의 애로도 있을 뿐만 아니라 정리나 지식은 누가 키우며 뇌의 한계는 누가 보완할 것인가. 만능이라고 믿고 있는 컴퓨터의 오작동으로 하루아침에 기억 장치가 제로로 될 위험은 누가 해결해 줄 것인가.

묵은 종이 냄새를 맡으면 왠지 지혜의 냄새는 이럴 것 같다는 생각을 해 본다. 오래 둘수록 그윽한 종이의 향이 결국 그 누군가의 삶에 배어들어 기름이 돌고 영혼은 깊어질 것이다. 이성의 예리한 날이 될 것이다. 그런 소중한 종이가 버려질 때는 번쩍이는 영예와 영광도 끝없이 추락하여 단지 허접한 쓰레기일 뿐이다.

내가 사는 대학가에 마구 뒹구는 폐지와 담배꽁초를 보며 이웃 나라 일본을 떠올린다. 여러 번 여행할 때마다 인정하기는 싫지만 선진국의 속살이 속속들이 보이는 현상은 부인할 수 없는 사실이다. 어디 가든 질서 정연하고 타인을 배려하는 조신한 몸가짐도 돋보이고 길거리에 휴지 하나 보이지 않는 단아함이 그 나라의 국민

성을 엿보는 듯해 고개를 끄덕인다.

유치원 때부터 자기의 쓰레기는 자신이 챙겨 집으로 가져가는 교육은 뼛속 깊이 우리가 본받아야 한다. 두 번 다시 조상들과 같은 어리석음을 범하지 않으려면 냉정하게 인정할 것은 인정하는 것도 용기고 배울 것은 겸손하게 배워야 나아간다 싶다. 오늘은 부끄럽게 배우지만 내일은 상대를 능가한다는 신념으로 마음 줄을 단단히 다잡아야 한다. 대책 없는 증오는 열등감의 산물밖에 더 될까.

이런 종이가 사회와 이웃이 미처 손길이 안 닿는 노인들의 밥줄까지 된다는 정황에 엄숙해진다. 먹고사느라 혹은 자식들의 학업을 시키느라 애면글면 살면서 미처 노후 대책을 강구하지 못한 많은 사람들을 구하는 방법은 없는가.

살기 좋은 나라란 행복한 노후를 보낼 수 있는 나라다. 젊어서 고생은 사서라도 한다고들 하지만 늙어서는 이미 삭정이가 된 몸, 가누기도 힘든데 더이상의 고생을 한다는 것은 비참한 일이다. 하루 몇 천 원의 지폐를 벌기 위해 길거리로 나선 벼랑 끝에 선 저 노인들의 삶이 바람에 휩쓸리는 휴지조각 같아 명치에 쏴 바람이 든다.

일주일에 두어 번 걸음을 하던 할아버지가 한 달이 지나도 오시지를 않는다. 날이 풀리면 오시려나. 노년을 같이하던 종이에 고단한 육신을 감싸인 채 망각의 강을 건넌 게 아닐까. 수소문해도 알 길이 없어 지나가는 수레를 내다본다. 우리 집 창 앞에서 줄담배를 피워 재와 꽁초를 버리고 가래 끓는 기침을 해도 괜찮으니 할아버지의 수레가 바퀴를 구르며 지나갔으면 좋겠다.

(2019. 겨울)

이 봄을 어쩌라고

엄청난 혼돈이다. 코로나19라는 눈에 띄지 않는 거대한 괴물이 지구를 덮쳤다. 평온하던 일상에 갑자기 불어 닥친 재난에 우리의 삶이 뿌리째 흔들린다. 세계적인 대재앙이 자고 나면 확진자와 의심 환자와 사망자를 기하급수적으로 쏟아내고 있는 상황이 몇 달째 지속되고 있다. 호흡기로 침투하는 이 바이러스를 막을 약이나 백신 개발은 깜깜하고 누가 확진자인지 알지 못해 서로 말 걸기나 대면하기도 겁나고 샤르트르의 말처럼 타인이 지옥이 되고 있다.

확진자가 많이 발생한 대구는 사무실도 재택근무로, 학교는 휴교령이, 공장은 가동을 멈추고 거리에는 사람이나 차도 없다. 가게도 텅 비고 수백 년을 이어오던 재래시장마저 폐쇄해 그야말로 유령 도시가 되었다. 국제적으로도 우리나라의 입국이 제한되고 증시도 형편없이 추락했다. 안 그래도 팍팍한 삶에 이 무슨 날벼락인지. 손을 놓고 실시간에 올라오는 뉴스를 보며 질병본부가 알리는 수칙을 따르고 집을 대피소 삼아 시쳇말로 '집콕'하고 있다. 사람과 형체도 없는 최하등 생물인 바이러스와 싸워야 하는 희한한 전쟁에 돌입했다.

WHO도 드디어 팬데믹을 선언했다. 왜 이런 초유의 사태가 왔을까. 욕심 많고 교만한 인간에 대해 겸손하라는 자연의 무서운 일침일까. 사림의 한세에 다다른 것인가. 이 큰 전쟁에 맞서는 인간의 방패는 위생 수칙을 잘 지키는 것과 마스크밖에 없으니 무력하기 짝이 없다. 마스크를 구하려고 여기저기를 뛰어다니고 줄을 몇 시간이나 서는 일도 다반사다. 이런 자연의 재해에 대해 초기에 강력한 대처를 하지 못하고 호미로 막을 일을 가래로도 못 막는 인재가 되어버렸다.

겹겹이 막힌 벽에 갇혀 지내는 것도 정도가 있다. 냉장고에 들어

있던 반찬을 꺼내 먹다가 동이 나서 열흘 만에 복면으로 무장을 하고 마트에 다녀왔다. 한산한 매장 안에 진열되어 있는 생활필수품을 담으니 마음이 씁쓸하다. 마트 앞 난전에서 푸성귀를 팔고 침을 뱉으며 돈을 세던 할머니의 주름진 얼굴도 보이질 않는다. 이렇게 모두가 스스로를 봉쇄해서 두문불출하다 보니 고마운 줄 몰랐던 지난날이 전부 애틋하기만 하다.

어깨를 부딪치며 걸었던 거리, 발을 가지런히 하여 타고 다녔던 지하철, 갈대가 서걱대던 샛강을 거닐고, 지인들과 웃음을 쏟아내며 차를 마시던 사소한 일들이 죄다 그리움이 될 줄은 몰랐다. 그립다는 것은 시간의 더께 속에서 사무침을 꺼내는 일인데 코로나는 바로 전의 일까지도 금세 그립게 하는 기억의 축지법이 절로 작동한다. 내가 무심하게 살아온 평범한 날들이 아름다운 삶이었고 축복이었다 싶다.

코로나를 겪으면서 행복이란 추상적이고 크고 빛나며 먼 곳에 있는 것이 아니라는 사실이다. 내 안에서 나와 숨도 쉬고 사소한 일상 속에서 반짝였는데 사라지고 나니 절절해진다. 인생에서 소중하지 않는 날은 없다는 것을 알게 되었으니 이 미증유의 사태가 꼭 싫기만 하는 것은 아니다 싶다.

붙일 곳 없는 마음을 달래기 위해 손에 잡은 책이 카뮈의 《페스트》다. 오랑 시에 창궐하는 흑사병을 대응하는 갖가지 군상의 모양새는 생긴 모습처럼 모두 달랐다. 지금 우리 사회 모습의 축소판 같아서 공감대를 높였다. 결국 인간은 혼자서는 살아갈 수 없는 사회적인 동물로 자연의 도전에 희망의 끈을 놓지 않고 힘을 합쳐 응전하고 사랑하며 살아가는 실존적 존재라는 사실이다. 시사하는 바가 컸다.

우리가 누구인가. 강대국 사이에서 피와 땀과 눈물을 뿌리며 온몸으로 역사를 쓴 위기에 강한 민족이다. 코로나가 잔인하게 개체간의 분열을 꾀하고 파멸을 원하지만 더 촘촘한 사랑의 교집합으로 이 역병을 기필코 이겨 낼 저력이 있는 민족이다 우리 모두는.

어느 날부터인가 나의 작은 가슴에 성큼 커다란 세계 지도가 들어와 숨을 쉬고 있다. 코로나가 육대주까지 번져서 엄청난 확진자와 사망자를 내고 있다는 뉴스를 보면 내 옆의 일처럼 가슴이 롤러스케이트를 탄다. 내 가족과 내 이웃, 내 나라에서 확장하여 온 지구 가족의 안전에 손이 모아진다. 절로 세계화가 되고 마음 평수가 자꾸 넓어지는 것도 역설적이지만 코로나의 선물이다.

매서운 꽃샘추위를 뚫고도 꽃등을 밝히고 잎을 꺼내는 나무처럼 사람 세상에도 진정한 봄이 왔으면 좋겠다. 어서 코로나의 어지러운 멀미를 꽃멀미로 바꾸고 봄에 취하고 싶다. 봄은 가고 있다.

(2020. 이른 봄)

고무줄

지하철을 타기 위해 나다니는 길목, 담벼락 아래 난전에서 모자를 꾹 눌러 쓰고 마스크를 낀 아주머니가 장사를 하고 있다. 물선이라야 좌판 위에 옷핀과 똑딱단추, 귀이개와 이쑤시개, 실패와 고무줄이 품목의 모두다. 코로나가 심하게 확산될 때나 비바람이 불고 추워도 전을 벌이지 않았는데 요즘은 다시 나와 손님을 기다린다. 매연과 소음 속에 앉아서 하루에 얼마나 매상을 올리는지 널브러진 물건을 몽땅 다 팔아도 한 달 인건비나 나오려나 싶다. 신의 오류나

기울어진 사랑을 눈앞에서 보는 것 같아서 마음이 쓰인다.

며칠 전, 매실액을 담근 독 주둥이 부분이 헐거워 아주머니에게 고무줄을 몇 줄 샀다. 이런 저런 구실로 그분과 길을 텄다. 건넨 떡 몇 조각이, 과일 몇 개가 섶다리가 되어 절로 그 앞을 지나가면 눈길이 간다. 하기야 고무줄은 이제 밴드에 떠밀려난 품목이니 마트나 백화점의 매대 위에 버젓이 있기보다 이렇게 소시민 가까이 있을 수밖에 없다.

지금은 아이들이 학원으로 쫓겨 다니느라 놀 시간도 없고 어쩌다 시간이 나도 놀이터는 위험에 노출되다 보니 만화 영화나 게임이나 블록 쌓기만 하고 있다. 나 어릴 적에는 온 우주가 합심하여 아이들을 키웠으니 생활 속에 놀이 기구가 즐비할 수밖에 없었다. 팽이, 사방차기, 자치기, 공치기, 공기놀이 등 그중에서도 고무줄놀이는 여자애들이 즐기는 놀이였다. "이 강산 침노하는 외적 무리를 거북선~." 머리카락을 나풀거리며 놀던 그때가 떠올라 절로 하회탈이 된다.

허기진 시절에 껌은 우리들의 꿈이었다. 도회지에서 공부하던 삼촌들이 한 번씩 껌을 사다 주면 가슴이 팔딱거렸다. 겉 포장지를 벗기고 은박지를 찢어 입속에 넣으면 나는 더이상 땅을 디디는 아이가 아니었다. 그 껌을 잃을까 싶어 잠잘 때는 기둥에 꼭 붙여 놓았다가 이튿날 다시 떼서 친구들과 번갈아 가며 씹던 때의 아린 풍경이 팽팽한 고무줄 위에 그리움으로 매달린다.

그렇게 씹던 껌이 아무에게도 없으면 산에 올라가 풋열매 내피를 따 모아 씹고 겨울이면 새까만 고무줄을 잘게 잘라 화로에 녹여 껌으로 만들어 씹었던 악동들의 못 말리던 야성들. 어머니의 야단은 잠시지만 친구들의 왕따는 참을 수가 없었다. 고무줄 껌은 독한 고무 냄새가 났지만 무언가를 질겅거리고 싶었던 욕구를 많이 충족시켜 주었다. 그런 절대적인 무채색 속에서도 우리의 꿈만은 뚜렷이 고운 빛깔로 뜨곤 했다.

고무줄은 애벌레인 듯 제 몸을 늘이고 줄이고 구부려가며 옷 속에 들어가 헐렁한 옷을 사람 몸에 맞도록 변신하며 서로 체온을 나누기도 하고 묵묵히 사물과 사물을 밀착하는 제 임무를 온전히 해냈다. 머릿니와 서캐가 많아 디디티를 뿌린 우리들의 머리카락이지만 고무줄을 늘여 앙증스레 머리를 묶어 변화를 주면 정수리에 햇발이 뛰어내려 오글거렸다.

고무줄은 귀소본능이 강하다. 길게 늘어나 여자애들의 다리나 발에 걸려 놀이 도구가 되고 여기저기 생활에 요긴하게 쓰이다가도 잡아당긴 줄을 놓으면 원상으로 회귀하는 철석 같은 탄성의 정신이 있다. 죽음을 무릅쓰고 모천을 향해 가는 연어처럼. 그에 비해 사람은 조금의 변화나 위상에도 흔들리고 균열이 간다. 떠나온 세계를 서둘러 잊고 싶어서일까. 놓임 자리가 흡족해서일까. 그런 면에서는 고무줄은 사람을 웃돈다.

선진국을 여행할 때다. 옛날, 세계를 쥐락펴락하고 해가 지지 않는 나라라 칭했던 선인들의 진취적인 발자취를 더듬어보니 입이 안 다물어졌다. 훌륭한 조상을 뒀다 싶어 부럽기도 했지만 그건 까마득한 과거의 일. 그들보다 지금 바로 여기, 우리의 삶은 더 눈부시다. 하늘을 쏘아 올린 미사일처럼 경제 성장을 일군 이 세기적인 기적에 자긍심을 가지고 가슴을 내밀어 당당하게 코를 높여도 전혀 지나치지 않다. 초라한 현실에서 화려했던 옛날을 반추하면 서럽고 화가 나지만, 현재 넉넉한 마음으로 지난날을 되돌아보는 여유가 주어지니 얼마나 다행인지 모른다. 고무줄 같은 본래의 마음만은 버리지 않고 지니고 있다면야.

혹시라도 사는 일이 심드렁하면 번쩍 내리치는 고무줄 죽비를 맞아 나태하고 해이해진 마음을 강하게 곧추세워야 할 일이다. 삶이 교만하여 궤도 이탈을 하지 않게 나를 다잡고 겸허로 다스려야 한다. 내 마음 언저리에 고무줄 하나쯤 지녀야 할 것 같다.

점심시간쯤이었다. 나른하였던지 아주머니는 햇살 아래 졸고 있다. 꿈속에서 고무줄놀이를 하는지 얼굴이 마냥 천진하다.

(2020. 가을)

발

냉동실 정리를 하다 시래기 뭉치가 와르르 발등으로 떨어져 골절상을 입었다. 나물을 부드럽게 하려고 적당히 물기를 남겨서 넣어둔 덩어리가 돌덩이가 되어 당한 변이다. 예리한 비명을 지르고 난 후 발을 내려다보니 분홍빛 살갗과 발톱이 금세 새까맣게 변했다. 의사는 뼈가 부러지지 않고 금만 간 상태라 다행이라며 큰 불행으로 작은 불행을 덮으며 무심히 말했다. 깁스를 하고 특수 신발을 신고 절룩이며 병원 문을 나섰다.

발은 26개의 뼈와 30개의 관절 및 100여 개의 인대와 신경, 혈관이 모여 몸을 지탱하고 유지하는 주춧돌 역할을 한다. 인체에서 가장 복잡한 부분으로 균형 감각을 유지하고 혈액 순환을 윤활하게 하는 제2의 심장이라고도 하는 발. 그런 중요한 발을 있으니까 있는 신체의 한 부위로 데면데면하게 대해 왔다. 발을 아파보니 그들 존재의 가치가 뼛속 깊이 아프게 스며들었다. 걷는다는 것은 발만이 아니고 온몸을 내딛고 움직이는 일이었다. 발에서 무릎, 허리, 고관절, 어깨, 턱까지 신체의 반쪽이 아파 기어서 화장실을 가고 봄져눕기까지 했다.

사람은 일생 동안 지구의 세 바퀴 반을 걷는다는데 그렇게 많은 보행을 하자면 발은 얼마나 힘들었을까. 나 같은 과체중을 움직이기 위해서 역도 선수처럼 매순간 소리 없는 기합을 넣어 끙끙거리며 겨우 들어올리는 것은 아닐까. 그래도 짓눌린다고 반란을 꾼꾸거나 힘들다고 큰 소리 한번 지르지 않고 침묵하며 제 소임을 다 하는 순한 발이 측은하기 짝이 없다. 그늘 속에 살면서도 남의 빛을 부러워하지 않고 자기 존재에 대해 불평을 한다거나 제 처지에 대해 서러움 다지 않는 다소곳한 발이다. 그래서 더 힘겨운 희생이 강요 되었는가 싶다.

불의 신 프로메테우스의 형제인 아틀라스는 신의 뜻을 거역했다 하여 제우스의 노여움을 받아 영원히 지구의 서쪽 끝에서 손과 머리로 하늘을 떠받쳐야 했다. 발도 조물주에게 밉보여 작은 몸으로 거대한 몸집을 짊어진 형벌을 받게 된 것은 아닐까.

미움보다도 가혹한 게 무관심인데 이런 중대한 일을 하는 발인데도 늘 관심 밖이었고 항상 소외되었다. 그리워서 두 발로 달려가지만 막상 껴안는 것은 팔이었고 애정의 표시도 발이 아닌 얼굴이나 손이었다. 그들은 험하게 보이거나 추할까 싶어 화장품으로 단장하고 보석으로 장식도 하며 갖은 호사를 누리기도 한다. 그에 비해 발은 숨겨야 하는 존재인 양 양말 위에 신발을 또 신어 공기도 안 통하고 습해 곰팡이가 진을 치기도 한다. 그래도 항명 한 번 없이 두뇌가 시키는 대로 충실하게 움직이는 충복이다.

우리의 옛 풍습도 발의 가학에 일조를 했다. 반가의 여인은 발을 보이지 않아야 품위가 있다 하여 외씨버선 속에서 꽉 조여 숨막히는 생활을 해야 했다. 송나라에서 시작하여 명 · 청 시대에서 절정이었던 전족은 여자들의 발을 천으로 친친 동여매어 못 자라게 기형으로 만들어 제대로 걸음을 못 걷게 하였다. 그렇게 빚어진 작은 발을 미인이라 칭하며 꼼짝 못하게 하여 성노리개로 삼았다. 가여운 발에 깊이를 알 수 없는 연민이 인다.

발은 세상 바닥에서 세상을 들어올리는 큰일을 하면서도 그게 당연한 듯 살아가는 민초들과 닮은꼴이다. 나라가 위태로우면 의병이 되어 목숨을 걸어 나라를 구하고 경제가 어려우면 앞장서서 모금 운동을 하며 가진 것을 나누기하는 드러나지 않는 익명의 지선한 사람들. 이런 이들이야말로 혼돈의 세상 희망이고 산소 호흡기인데 생색을 내는 법이 없다. 깊은 강은 결코 소리 내어 흐르지 않는 것처럼.

생각해 보니 되돌아가기 망설여지는 떫은 인생길의 굽이도 내 육신을 고스란히 책임지는 어진 발과 함께여서 무게를 덜었다 싶다. 절망 앞에서도 무너지지 않고 격랑의 목전에서도 희망 그 너머까지도 꿈꾸었던 일들이 발과 더불어여서 가능했다. 혹시 나도 모르게 이 무던한 발을 이끌고 남의 앙가슴을 헤집는 모진 발걸음을 내딛지는 않았을까. 나의 과한 욕심을 위해 내달리기를 부추기지는 않았는가. 자성의 시간도 가져 본다.

코로나의 위협과 더불어 짜증스러운 부상을 입었지만 진중한 발은 평상시의 그의 품성처럼 우직하고도 강인하게 일어나 나를 세우리라. 어서 나아 햇빛 샤워를 하고 밤이면 달과 별이 뛰어내린 내를 따라 허리를 펴고 꼿꼿이 발걸음해야지. 낙엽 몸져누운 숲길을 걸으며 나무와 바람과 코러스를 하며 봄을 불러야겠다.

집스를 풀고 나면, 따스한 물에 푹 발을 담가 굳은살도 없애고 쩍쩍 금간 발바닥에 매끈히 크림을 발라주며 늦었지만 귀하게 대접하려 한다. 무정한 주인을 만나 고생만한 발을 구부려 들여다보며 속삭여 본다. 미안하고 고마워. 사랑하는 거 알지?

(2020. 겨울)

액받이

요즘은 우연히 본 연속극에 재미를 붙여 세월 가는 것마저 잊는다. 젊은 탤런트들의 연기에 혼을 앗겨 방영 시간이 되면 열일을 제쳐 놓고 텔레비전 앞으로 다가간다. 드라마 삼매경에 빠져 눈물을 글썽이기도 하고 흥분도 하는 나의 모습에 스포츠나 뉴스에 편중하는 남편은 "바보상자랄 때는 언제고." 하며 놀린다. 아랑곳하지 않고 몰입하다 보면 세상의 번잡스러운 것도 비껴가고 마음이 편안하다.

내가 빠진 드라마 속에는 왕이 세자였을 때, 정혼한 세자비가 정쟁의 모함으로 천민이 되어 버렸다. 그 여인은 우여곡절 끝에 번민하는 왕의 살아있는 부적, 액받이 역을 하며 왕의 주위를 맴돈다. 왕이 그녀를 연모하는 장면이 애련하여 유래 없는 시청률을 올렸다. 절대왕정 시대에 있을 법한 허구임에도 메마른 현실에 대한 보상심리로 더 주부들이 열광하였을 성싶다. 한참을 열중하다 돌아가신 시어머니 생각이 났다.

우리 집은 평수를 늘리기도 힘들었다. 내가 신출내기 주부일 때 시어머니를 모시고 집을 구하러 다녔다. 살펴보러 간 단독 주택의 문패에 적힌 성씨가 양반이라면 집도 절로 근엄한 갓을 썼다. "니는 모르겠더나. 우짠지 집에 좋은 기운이 도는 거." 하셔서 난감하기 짝이 없었다. 사사건건 나와 의견의 각도가 많이 벌어져 같이 집을 물색하러 다니면서도 각자 다른 집을 보고 다니며 꿈을 꿨다. 그렇게 쫓아다니다 보니 그리 안 빠지며 스크럼을 짜있던 뱃살이 내리기 까지 했다.

겨우 조율하여 집을 계약하고 나면 지정해주신 손 없는 날, 음력 9일이나 10일에 반드시 이사를 하도록 종용하셨다. 이사하기 좋은 날이라 하여 이사비도 평일에 비해 훨씬 비싼데도 불구하고. 또 살던 사람을 미리 내보내고 이불 보퉁이와 쌀과 밑반찬을 들고 이사 가기 전에 당신께서 미리 1박 2일을 입주하시곤 하셨다. 날짜를 우리들 편한 쪽으로 늘렸다 줄였다 하다 보니 경비 갹출이 많았다. 시어머니의 설명 없는 말씀을 지키는 것은 효자 아들도 예삿일이 아니었다. 가장 큰 문제는 여유자금을 융통해야 하는 일이어서 힘들다고 몇 번이고 간청했지만 동화처럼 까치 머리로 종을 치는 일이었다.

이사는 땀을 몇 되나 흘리는 일이라며 꼭 점심을 지어 일꾼들을 융숭하게 대접하라고 하셨다. 나는 이삿짐도 거들고 아이들 챙기고 식사 준비까지 하면서 동동거리자니 헉헉댈 수밖에 없었다. 며느리 힘든 것은 잊으신 듯했다. 그래도 못 미더운지 "아무리 월급쟁이라도 백석은 훌쩍 능가야제." 하시며 백설기와 팥시루떡을 마련하고 사악한 기를 쫓으려고 온 집안 구석구석 소금을 뿌리고 약쑥 연기를 쐬게 하셨다.

우리끼리 이사를 다 해놓고 나중에 다니러 오시면 편하다고 누누이 말씀 드려도 "머라카노. 집안 대들보를 옮기는 일에 내가 안 오면 대겐나." 하시면서 어김없이 그 일을 반복하셨다. 어린 마음에 너희들은 아무리 분가를 해 살아도 집안을 책임져야 할 맏이라는 무언의 각인으로까지 생각되어 가슴을 억누르기 시작했다. 그런 일과는 무관하게 일요일에 이사를 하는 친정이 편했고 현대적이라 생각되었다. 나는 시어머니가 되면 절대 그리하지 않아야지 하고 마음과 깍지를 꼈다.

어머니가 돌아가신 후 이사하는 일부터 치맛자락을 펄럭이는 자유여인이 되었다. 바쁘다는 핑계로 이사하기 좋은 날도 상관없이 아무때고 시간 날 때 이삿날을 정하고 점심은 간단하게 배달음식으로 대체했다. 일꾼들의 노고에도 수고비로 감사한 마음을 전달했다. "어머니, 저는 이렇게 이사해요. 시절에 보폭을 맞춰 살려고요." 반란을 일으키며 편한 쪽으로 방향을 돌렸다. 어머니께 조금은 죄책감이 들었지만.

작은 화면 속에서 열연하는 탤런트를 보니 목에 울컥하고 뭔가가 넘어갔다. 시어머니께서는 2대 독자인 아버님 이후 얻은 장남인 남편의 액받이 역을 자처했다는 것을. 당신의 뜻대로 미리 하룻밤 먼저 머물면서 살기나 나쁜 잡귀가 뿜어내는 모든 액을 해충 퇴치제인 찍찍이처럼 몸에 붙여 없앤 후, 청정한 기운이 되었을 때, 우리를 이사 시키려는 온몸을 던진 어머니 식 기도였다. 그래서 그런지 늘 조금씩이라도 일구어 이사를 다녔으니 당신은 생 액받이 부적(?) 역을 톡톡히 하셨다. 그래서 백세시대에도 서둘러 가셨는가 싶다.

우리는 늘 눈앞에 성장하면서 보여주는 자식의 산뜻한 정에 마음을 앗겨 부모의 정은 당연시 하고 지나쳐 속속들이 알아채는 일은 시간이 한참 걸린다. 내가 겪어 보아야 비로소 보이고 일깨워지며 세월이 흘러야 절절이 감지된다. 그걸 보은이라도 할라치면 이미 부모님은 안 계신다. 당신이 행하신 일이 미신이나 민간 신앙을 떠나 자식을 염려하는 유별난 어머니표 자애라는 것을 알아챘다. 돌아가신 지 십여 년이 지나고 내가 시어머니가 되어 비로소 깨달은 이 작고 조가비만 한 마음이 부끄럽고 많이 송구하다.

(2013. 여름)

거기 길이 있었네

걸걸한 음성의 스페인 현지 여자 가이드는 연거푸 주의를 주었다. "앞사람의 꽁무니만 따라가세요. 여기서 길을 잃으면 방법이 없습니다." 그녀의 귀여운 협박에 웃음이 났다. 혹 길을 잃어도 〈아리랑〉을 부르며 골목을 누비면 국제 미아는 면한다는 소리를 들었지만 순한 양이 되어 가쁘도록 앞사람의 뒤를 쫓았다

땅의 손금인 듯 내면에서 무수히 일렁이는 자잘한 감정의 골 같은 길이 구천여 개가 넘는다는 세계 최다의 골목길. 가슴 저리는 아

픔으로 자신과 세상 모두를 갈가리 해체하고 싶을 때나 혼자 내동댕이쳐진 것 같이 외로움이 엄습하면 들렀다가 자신을 되찾아가는 길. 적의 침입 시에 게릴라전도 가능하고 건물끼리 더위도 피하고 서로의 그늘을 만들기 위해 다닥다닥 붙여서 지어진 건물 사이로 난 곱창 같은 길, 북아프리카의 메디나다.

부딪힐까 염려스러운 좁은 길에도 그들만의 터전은 웅숭깊었다. 디디는 보도블록은 영욕의 역사만큼이나 관절 부딪치는 소리를 내며 행인들의 무게를 받아내고 있었다. 길 따라 포도송이처럼 매달린 각종 공방들과 잡화점에 진열된 가방이며 앙증스런 공예나 장신구들은 우리나라에서도 흔하게 보아 온 공예품이었다. 땅 위에 헛된 금을 질러 자존심을 튕기는 제도권들보다 훨씬 넓은 가슴으로 우리와 눈빛을 나누고 손때를 묻혀서 다문화를 창출하는 물상들. 자국의 이익만 좇는 소인배들의 옹졸함을 보다 못한 골목들이 천수천안을 지닌 관세음보살인양 손길을 뻗어 세상과 소통했음이다. 노새 똥을 피하며 길을 걷다 몇 달 전, 친구들과 걸은 또 한 골목길이 떠올랐다.

공중비행을 하다 외계의 어느 별나라에 불시착한 것은 아닌가 싶을 정도로 지하도시는 생경했다. 일어서면 천장에 머리가 부딪힐

것만 같아 바안한 등불이 등대인 양 더듬거리며 땅의 속살을 밟아야 했다. 어디선가 두더지가 꿈틀거리고 박쥐가 날아와 무차별 공격을 할 것 같은 기괴하고 신기한 지하 동굴나라의 골목. 팔십 미터의 깊이에 이십 층 규모로 도시를 이뤄 외부에서 침입을 하더라도 안전하게 보호 받을 수 있는 안성맞춤의 요새인 갱도였다. 학교와 부엌, 축사, 양조장과 감옥까지 있어 더 놀라웠다. 사천 년 전부터 지하의 삶을 이어 온 것으로 추정되며 이슬람의 기독교 박해 때는 피신처로 사용했다는 터키 카파도키아의 데린쿠유다. 무슨 연유로 그들은 어둡고 답답한 땅속에서 별난 세상 밖 삶을 영위했을까, 환기통까지 있는 곳이었지만 신선한 공기와 햇살이 쏟아지는 땅위의 세상이 그리워 목이 탔다. 내가 나다녔던 정겨운 골목길이 그리웠다.

수십 년 전에 살았던 우리 집에서 좀 떨어진 윗마을은 골목길이 잎맥처럼 펼쳐 있었다. 고샅길, 에움길, 자드락길 같은 고운 이름들을 덧달아 아련한 고향 냄새까지 견인해 오곤 했다. 골목 가득 아이들이 모여 딱지치기도 하고 누렁이가 턱을 괴며 꼬리를 흔들고 연탄재가 뒹굴던 산 아래 첫 동네. 하늘에서 일렁거리는 희망의 사다리를 꼭 잡아 밟고 올라야 하는 공동 과제가 길만큼이나 뒤척이던 사람들이 옹기종기 모여 살았다.

문득 삶의 독침에 쏘이거나 마음의 환기가 필요할 때면 그 꼬부랑길들을 통해 뒷산에 오르곤 했다. 헉헉대며 오르다 보면 환부에 파스라도 붙인 듯 서늘한 바람이 불어왔다. 먼 산의 능선이 파도 되어 넘실대고 큰 빌딩마저도 내 작은 눈시울에서 줄타기를 할 뿐, 시시한 것들에 불과했다. 아예 형체도 안 보이는 우리 집에서 세상 고민들을 다 끌어안고 살고 있다는 생각에 울컥 연민이 생겼다. 그런 연유로 그 골목길들은 나에게 각별할 수밖에 없었다.

세상에 의미 없는 존재는 없듯이 뜻 없는 길도 없다. 이웃을 드나들거나 저자를 가거나 이슬람의 전성기쯤에 문명의 꽃을 피우고 도피를 하던 필요에 의해 모험을 두려워하지 않는 그 어떤 사람의 용기가 길을 만드는 초석이 되었을 게다. 그 길 위로 같은 뜻을 가진 수많은 인연의 발길이 다져지면 길은 길대로 굳은살이 생기고 땡볕이나 비바람도 끌어안아 더 완숙하고 뚜렷한 길다운 길이 만들어졌을 것이다. 마침내 누워서도 사람들을 불러 모으는 빛나는 지역의 자산이 되고 세계의 문화유산도 되었다. 건축가 가우디가 "인간은 직선을, 신은 곡선을 만든다."고 했나. 아마도 골목길은 모서리를 빚는 직선의 도로와는 달리 오순도순 서로 의지하고 모나지 않게 더불어 살라는 드높으신 분의 뜻이 빚은 길은 아닐까.

우리 골목이나 메두나나 기이한 데린쿠유와의 공통점은 기계문명을 거부하는 사람 중심의 길이라는 사실이다. 사람이 만들어놓고 되레 구속당하는 현대 문명의 이율배반에서 배제되니 더 정다운 길이 될 수밖에 없다. 만약 선진국이었다면 이 많은 골목들이 고스란히 존재할 수 있었을까? 재개발이란 이름 아래 뭉개져 거대한 몸집의 건물이 거만하게 버티고 있지 싶다. 이런 골목길들이 당당하게 자리 잡아 사람들에게 영원한 관심과 사랑을 받았으면 좋겠다. 귀국하면 날 잡아 내안 같은 골목길을 이제는 좀 편안하고 느긋하게 걸으며 그 옛날 내가 받은 위로를 되돌려줘야겠다.

빡빡한 일정 가운데서도 언뜻 스미는 여수를 누르고 운동화 끈을 꽉 조여 메두나 속으로 잠입했다.

(2017. 여름)